Die Neue Zeit ist jetzt!

Du bist ein Wunder
Sei bereit für dich!

Eine Botschaft der Liebe
von Mutter Maria

Widmung

Dieses Buch ist einem neuen Wir
auf dieser Erde gewidmet.

Der Schönheit und dem Aufblühen
der Herzen im Miteinander und Füreinander.

Herzen wärmen

Komm lass uns Worte der Achtsamkeit finden.
Lass sie uns spinnen zu einem seidenen Faden.
Daraus weben wir gemeinsam ein buntes Tuch,
das uns einhüllt und unsere Herzen wärmt.

Inhalt

Vorwort

Vorwort von Claudia Shkatov

Ihr Lieben, dies ist ein Buch, das euch schon beim Lesen verwandeln kann. Mich erfüllt es mit Hoffnung und Vorfreude auf eine neue Welt, die ich schon lange sehen, hören und spüren kann. Im Grunde ist es sogar kein Buch. Eher handelt es sich um eine Art Luftpost, eine Mitteilung aus einer Welt, die für viele von uns (noch) nicht bewusst wahrnehmbar, geschweige denn sichtbar ist. Und gleichzeitig gibt es bereits viele Menschen, die sie sowohl hören, fühlen als auch sehen können. Viele Menschen mit Nahtoderfahrungen überall auf der Erde berichten berührend und eindrucksvoll von dieser Welt und kehren meist vollkommen verwandelt, mit neuem Wissen und Weisheit ausgestattet in ihren Körper und damit auf „unsere Seite" des Lebens zurück.

Das Leben jenseits unserer Körper war uns Menschen bisher fast ausschließlich über die Erfahrung des Todes zugängig. Und genau das ändert sich nun. Der Tod ist offenbar keine Endstation. Er ist ein Übergang in einen anderen Zustand des Lebens. Und die Neue Zeit, die sich nun auf der Erde und auch über unseren Planeten hinaus ankündigt, bringt eine Anhebung und Verfeinerung unserer Schwingung mit sich. Die neue Frequenz erlaubt es uns, mit anderen Spezies in bewusste Verbindung und Kommunikation zu gehen, und das ganz ohne unseren Körper zu verlassen.

Dies erleben wir bei Menschen, die mit Tieren und Pflanzen effektiv kommunizieren ebenso wie bei denen, die sich bewusst mit Wesen der geistigen Welt zu verbinden verstehen.

Sanvja und Amaresh gehören zu den hochschwingenden Menschen, die diese bewusste Kommunikation mit der geistigen Welt bereits erleben dürfen. Und sie teilen sie großzügig mit anderen Menschen. Sie sind außerdem ein Liebespaar. Und dies ist für mich ein Indiz dafür, dass alles, was wir in Zukunft tun werden, immer mehr von Verbindung, Gemeinschaft und Co-Kreation geprägt sein wird. Wir werden nichts mehr allein tun müssen.

Die Zeit der Alleingänge, der Erschöpfung, der Trennung und des Mangels, die Zeit der Kriege und Dramen ist unwiderruflich vorbei. Männer und Frauen, männliche und weibliche Energien in allen Menschen jeder sexuellen Orientierung, Herz und Verstand, Nationalitäten, Stämme, Kontinente, Generationen, Menschenwelten, Tierwelten, Pflanzenwelten, Anderswelten und Sternenwelten verbinden sich nun zu einer neuen gemeinsamen Welt.

Wenn du dies liest, dann ist dir das bereits irgendwie bewusst. Etwas in dir erinnert sich und wird sich durch die Worte in diesem Buch weiter erinnern.

Wenn du magst, mach es dir nun gemütlich. Zünde eine Kerze an, hol dir eine Tasse Tee, lande in deinem Körper, tauche ein in die lebendige Stille deines Herzens. Und dann beginne zu lesen. Lies chronologisch oder wähle intuitiv immer wieder ein Kapitel oder eine Seite aus - vielleicht zu einem bestimmten Thema oder einer bestimmten Frage, vielleicht einfach aus Neugierde oder um wieder in deiner Mitte zu landen. Und erlebe, was geschieht.

Much love, Claudia

Claudia Shkatov, Mentorin einer neuen Zeit, www.claudiashkatov.com

Einleitung – wie dieses Buch entstand

Wir alle sind wahre Wunder. Spätestens seit dieses Buch entstanden ist, glaube ich fest daran. Hättest du mir vor einem Jahr erzählt, dass ich heute als Medium für die geistige Welt Mutter Marias so liebevolle Worte empfange, ich hätte es dir nicht geglaubt.

Als in den Rauhnächten am 21. 12. 2020 mitten in einer meiner schlaflosen Nächte dieses Tor aufging, hatte ich mit allem gerechnet, nur damit nicht!

Ich war voll ausgefüllt damit, meine bunten, herzberührenden Bilder zu malen und mein inneres Erleben in meinen Herzensworten auszudrücken. Hieraus gestaltete ich mit großer Freude meine Herzenslicht-Kartensets und Kalender. Licht und Farbe in die Welt zu tragen, berührte mein Herz mit tiefem Glück.

Als ich in dieser Nacht intuitiv zu Stift und Papier griff – schlafen konnte ich sowieso nicht – war ich erstaunt über das, was da vor mir entstand. Der Prozess war mir sehr vertraut vom Malen … ein Pinselstrich nach dem anderen, ohne Erwartung, so entstanden seit Jahren meine großformatigen Bilder. Dieses Mal waren es Worte und sie richteten sich an uns Menschen – voller Liebe, als Begleitung in die Neue Zeit – Worte aus der geistigen Welt.

Auch die Verbindung zur nicht sichtbaren Welt war nichts Neues für mich, da ich seit Jahren auf schamanischen Heilreisen mit ihnen in Verbindung war. Ich hatte auch schon immer eine tiefe Vertrautheit zu Erzengeln und anderen Lichtwesen in mir gespürt. Doch ihre Worte durch mich fließen und sichtbar auf Papier werden zu lassen, erstaunte mich. Wenige Tage später hörte ich den eindeutigen Impuls in mir, dass daraus ein Buch entstehen würde.

Der Weg, bis ich mich tatsächlich mutig daran machte, die Worte zu einem Buch zusammenzufügen, war allerdings eine wahre Abenteuerreise. Denn nach dem ersten tiefen Berührtsein und Mich-Hingeben an all die Worte, die von dieser Nacht an flossen, entstanden im Frühling tiefe Zweifel und Mutlosigkeit: „Das ist doch alles nichts, Sanvja was bildest du dir nur ein…"

Eine tiefe Traurigkeit entstand in mir, als ich den Mut verlor … Doch zum Glück schickte mir die geistige Welt einen Engel vorbei – in Form von Claudia Shkatov. Sie las einen Text über das Jahr 2021 in den Newslichtern (newslichter.de), den ich mit der geistigen Welt verfasst hatte. Und sie kontaktierte mich, machte mir wieder Mut und bestärkte mich, „Geh weiter, die Welt braucht diese Worte!". Schon am selben Tag nach unserem Telefonat entstand das Kapitel über Frieden und nach und nach folgten alle weiteren Texte dieses Buches. Es war wie ein Neustart für das Buch und noch viel mehr Klarheit leuchtete durch die Texte.

Nun war es klar, hier entstand das Buch, von dem ich schon zum Jahreswechsel tief in mir gehört hatte. Viele Nächte wurde ich aus dem Schlaf geweckt mit den ersten Worten des nächsten Kapitels in mir. Immer wieder stand ich auf und tauchte ein in die Stille der Nacht, in der meine

Lieben alle selig schliefen, zündete eine Kerze an und schrieb. So fügte sich Text an Text, mit einer müden Sanvja an so manchem Morgen.

Amaresh hatte dann die Idee, der geistigen Welt Fragen zu stellen und so entstand Teil 2 des Buches, das „Q & A" (Fragen und Antworten) mit der geistigen Welt. In der Zwischenzeit hatte sich bei mir auch der Kanal im Sprechen von Botschaften geöffnet und so sind alle Q & A-Texte im liebevollen „Plausch" mit der geistigen Welt zu uns gekommen. Gemeinsam haben Amaresh und ich die gesprochenen Worte der geistigen Welt in geschriebene Sprache verwandelt.

Während der ganzen Entstehung dieses Buches hat die geistige Welt uns liebevoll begleitet. Wir wurden immer wieder ermutigt, dran zu bleiben und das Buch noch Herbst 2021 zu veröffentlichen. Aufgrund der Kürze dieser Zeit haben wir uns dann für den Selbstverlag entschieden.

Am Ende mancher Kapitel findest du meine Herzensworte (als Zitat gekennzeichnet), die ich seit Jahren schreibe – meist dann, wenn ich selbst durch Zeiten tiefen Einlassens auf das Leben in all seiner Fülle, Licht und Schatten gegangen bin. Deshalb sind sie immer in der Ich-Form geschrieben.

Kanal zu sein für die so lichtvolle und liebevolle Energie der Neuen Zeit, berührt mich zutiefst und schwingt völlig im Einklang mit meiner Seele. Heute kann ich sehen, dass auch meine Kunst eben diesem Seelenruf entspringt.

Wir sind geboren, um zu leuchten und um mit unserer Liebe einzigartige Fußabdrücke auf dieser Erde zu hinterlassen.

Du bist ein Wunder, sei bereit für dich! Sei bereit für all die Türen, die sich in dieser so besonderen Zeit des Übergangs in dir öffnen möchten – bei jedem von uns andere und wundervolle. Gemeinsam im Einklang mit unserem tiefen Seelenruf, in Einklang mit der Wahrhaftigkeit in uns, durchschreiten wir das Tor in die Neue Zeit und erschaffen ein neues Leben hier auf der Erde. Die Neue Zeit ist jetzt … sie hat begonnen.

Deine Sanvja mit Amaresh

Begrüßung

Geliebte Seele, wir begrüßen dich aus vollem Herzen. Wir erwarten dich schon so lang und wir kennen uns seit Urzeiten. Wir, Mutter Maria und die geistige Welt haben ein Geschenk für dich. Es ist dein Geschenk und es ist deine Wahl, wie du es auspackst und in dein Leben einlädst. Es ist das Geschenk deines Erwachens. Es ist das Geschenk heimzukehren, und dich zu erinnern an deine wahre Schönheit. Du bist ein Wunder. Sei bereit für dich.

Öffne dich für dich selbst und öffne dich für all die Wunder in deinem Leben. Wir begleiten dich durch die Worte und Energie in diesem wundervollen Buch hinein in dein neues Leben auf dieser Erde. Wir haben uns verabredet vor langer Zeit. Wir haben uns verabredet, dich daran zu erinnern, wer du in Wahrheit bist – welch' Wunder. Sei bereit für dich. Sieh unsere Worte als deinen Kompass, deine Begleitung, als die Hand, die wir dir reichen, um den Schritt über die Brücke der Liebe in eine Neue Zeit zu betreten.

Die Neue Zeit ist jetzt. Lass unsere Worte dein Herz berühren und transformieren. Erinnere dich. Nichts hier ist wirklich neu für dich. Was geschieht ist, dass du dich wieder bewusst erinnerst und damit ein Tor in dir öffnest. Du verlässt die alte Zeitqualität und trittst ein in das neue Zeitalter. Sei willkommen, nimm deinen Platz ein. Befreie dein Licht und leuchte, denn du bist ein Leuchtturm für viele, die nach dir kommen.

Wir sind bereit für dich, wir laden dich ein, in einem Strahl von Regenbogenfarben zu baden, während du unseren Worten lauschst. Die Farben der Neuen Zeit, sie schwingen in jeder deine Zellen und aktivieren dein Erinnern. Willkommen zu Hause, du wundervolle und so geliebte Seele. Dein Licht leuchtet weit. Deine Präsenz öffnet weitere Tore der Heilung für diesen Planeten.

Gemeinsam Hand in Hand betretet ihr alle eine neue Zeit und helft euch gegenseitig über die Brücke aus der alten in die neue Zeit. Der Regenbogen leuchtet über diese Brücke und heißt euch willkommen zu Hause in euch selbst. In eurem Erinnern und Erwachen.

Mit diesen Worten begann alles in einer schlaflosen Nacht

„Hineingeboren in die Weite des Lebens. Voller Energie, voller Möglichkeiten, bereit zu erwachen, hinein in das Wunder Leben, bereit zu sein, jeden Tag.

Bereit dem Neuen zu begegnen, sitze ich hier mit meiner Tasse Tee, ohne Schlaf, das Leben ruft mich aufzuwachen, loszugehen, mitten hinein in mich, mitten hinein in das Wunder, das ich bin.

Zu lauschen, mich zu öffnen ohne Erwartung, ohne Ziel zu schreiben, Wort an Wort zu reihen. Der Liebe Raum zu schenken, verbunden mit der Unendlichkeit des Alls, des Universums. Verbunden mit all den himmlischen Wesen, mit der geistigen Welt, Antwort zu finden im Strom der Zeit.

Das Leben ruft mich, es öffnet mich immer weiter, lässt mich Kanal sein, bereit für den Zauber in mir.

Neues erwacht in mir, Sterne funkeln und bringen den Segen des Neubeginns hier auf die Erde. Ein Neubeginn in Licht, Bewusstheit und

Liebe. Ein Neubeginn in Liebe und Miteinander öffnet sich tief in unserem Kern. Wir werden vergoldet und entfaltet, bereit in eine Neue Zeit zu fliegen, als Schmetterlinge der Liebe erwacht, verbunden und eins."

Habe den Mut zu träumen von einer neuen Zeit auf dieser Erde. Sie kommt jetzt, sie beginnt heute, mach dich auf, bereite dich vor - du bist so geliebt! Deine Seele wartet schon so viele Leben, so viele Jahrtausende auf diesen Zeitpunkt. Erwache und lebe, lebe dich ganz. Öffne deine Zellen in dir für deine wahre Weisheit, für dein ganzes Licht.

Ihr seid alle eins, ihr seid einzigartige Zellen in einem großen Körper Menschheit.

Befreie dich von deinen alten Begrenzungen, du bist so viel mehr. Erwache, leuchte, lebe. Bring dich ganz ein, du bist ein Geschenk für diese Zeit. Ohne Zweifel bist du Leben in seiner ganzen Wahrhaftigkeit, in seiner ganzen Größe. Wir sind bei dir, immer.

Ihr seid nicht allein an diesem großen Wendepunkt. Gebt euch vertrauensvoll in unsere Hände. Ihr seid so geliebt!

Frieden

Die Flügel des Friedens

Frieden träumt sich wach in euch Menschen. Ein Frieden, der tief aus eurem Inneren emporsteigt. Der alle alten Muster und Glaubenssätze hinter sich lässt und eintaucht in eine neue Geschichte der Menschheit.

Glaube an den Frieden in dir. Du bist eine so große Friedensbotin, ein Friedensbote deines Herzens. Reiche dir selbst die Hand, umarme dich so, wie du bist. Vergib dir.

Es schließt sich eine Tür in der Geschichte der Menschheit. Der Kampf ist vorbei. Vertraue deiner Sehnsucht nach Frieden, und der Frieden wird sich tief in dir ausbreiten und von dort über die Erde wandern.

Alles beginnt in dir, in deinem Herzen. Warte nicht auf den äußeren Frieden in der Welt, um mit dir selbst Frieden zu schließen. Wir laden euch alle ein, euch der großen Friedensenergie, die derzeit auf die Erde strömt, bewusst anzuschließen.

Öffne dein Herz dafür, berühre die große Sehnsucht nach Frieden darin. Der Kampf ist vorbei. Vertraue, gib dich hin. Die Friedenskraft deines Herzens ist so stark. Nicht der Kampf im Außen bringt Frieden. Die Vergebung in deinem Inneren löst alte Verstrickungen und heilt Wunden. Deine Hingabe, Ehrlichkeit und Liebe sind die größten Friedensbringer.

Vertraue, auch wenn es im Außen auf dieser Erde noch so anders aussieht. Die Flügel des Friedens öffnen sich und umarmen diese Erde. All das Chaos, all die Unwahrheit, die derzeit ans Licht kommen, waren schon immer da. Das Licht beleuchtet sie nun, rückt sie aus dem Verborgenen in die Wahrheit. Von hier aus kann Vergebung erst beginnen, kann das Alte verwandelt und geheilt werden - in Frieden.

Euer Glaube an den Frieden in euch und auf dieser Erde ist der Boden für die Freiheit, die in jedem Frieden vorhanden ist. Entlasse die alten Vorstellungen von Unfreiheit, von Einengung und von Kampf. Der Frieden dieser Erde beginnt in jedem Einzelnen von euch – jetzt.

Wir danken euch für euren Mut und eure Wahrhaftigkeit, ehrlich hinzuschauen und die alten Wunden ans Licht zu holen, zu heilen und sie dem Frieden in euch zu übergeben.

Ihr seid gesegnet mit der Liebe, Freiheit und dem Frieden in Einheit.

Miteinander

Ihr seid alle Engel füreinander. Reicht euch die Hände, öffnet eure Herzen füreinander und gemeinsam begleitet ihr euch hinein in eine neue Zeit. Eure Herzen öffnen sich immer weiter, reinigen sich von alten Schmerzen, und ihr beginnt euch immer mehr wahrzunehmen in eurer wahren Größe und Schönheit.

Indem das Alte von euch abfällt, wird der Weg vor euch ins Neue immer klarer, wird das Leuchten füreinander immer heller. Ihr geht gemeinsam, und gemeinsam verwandelt ihr auch das Leben hier auf der Erde – Schritt für Schritt. Ihr durchschreitet das Chaos als helle Lichtwesen, lachend voller Vorfreude auf alles, was nun kommen, wachsen, entstehen darf durch euer neues Miteinander.

Miteinander und füreinander sind die hellsten und wichtigsten Worte und das, was euch durch diese Zeit tragen wird. Wenn dich Neuland ruft, dann gehe, zögere nicht. Alles verändert sich. Sei du der Engel, der Lichtbringer für dein eigenes Herz und für das vieler anderer Wesen.

Die Liebe und Leichtigkeit begleiten euch in die Neue Zeit und entfachen ein Feuer, das heller leuchten wird als alles, was ihr bis jetzt kennt. Dieses Feuer der Transformation lässt euer Ego schmelzen. Und unter seinen harten, einsamen Schalen öffnet sich das Herz des Miteinanders für die Liebe in Einheit.

Dieses Feuer brennt hell und ihr schreitet hindurch, steht darin und werdet zu neuen Menschen, die ihre Flügel der Liebe ausbreiten, die Erde behüten und zu einem Paradies erwecken - im Miteinander und Füreinander.

Überprüfe all deine Taten und Gedanken nach diesen zwei Worten.

Schwingt Miteinander darin? Ist es ein Füreinander in Liebe? Dann folgst du dem neuen Weg und erwachst hinein in das Leben deiner Wahl, geborgen in der Gemeinschaft der Menschheit.

Das Lachen der Liebe berührt euer Sein, wenn ihr das findet, was wirklich wahr ist. Das Lachen der Einheit öffnet neue Türen und bringt Menschen zusammen, die sich vorher nicht kannten. Vertraue deinen neuen Schritten. Vertraue dem Leben, wenn es dich ruft.

Eure Körper

Eure Körper sind Gefäße für den Heiligen Geist eurer Seele. Derzeit werden sie gerüttelt und geschüttelt, werden erweckt, gereinigt und in ein leuchtendes Gefährt für das Licht eurer Seele verwandelt. Die gesamte Menschheit inkarniert auf einer neuen Ebene, manifestiert die hohe Schwingung ihrer wahren Lichtkörper. Freu dich, sei bereit für das wahre Erwachen deines Körpers.

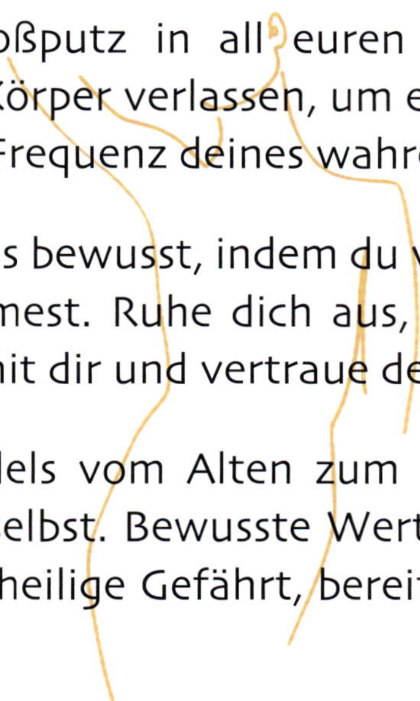

Hierfür wird derzeit Großputz in all euren Körpern veranstaltet. Alte Schwingung darf deinen Körper verlassen, um ersetzt zu werden durch eine neue, hoch schwingende Frequenz deines wahren Wesens.

Unterstütze diesen Prozess bewusst, indem du viel trinkst, dich in der Natur bewegst und bewusst atmest. Ruhe dich aus, wenn Müdigkeit in deinem Körper ist. Habe Geduld mit dir und vertraue dem Prozess.

Es sind Zeiten des Wandels vom Alten zum Neuen. Gib diesem Prozess seinen Raum. Liebe dich selbst. Bewusste Wertschätzung und Dankbarkeit für deinen Körper, dieses heilige Gefährt, bereiten den Weg für eine sanfte Transformation.

Im Licht der Wahrheit erkennst du dich selbst, in Dankbarkeit für deine wundervolle Einzigartigkeit. Bereite den Boden, indem du dich öffnest, das Licht in all deine Zellen einlädst, die Macht erkennst, die in deinem Körper liegt für Selbstheilung und Erneuerung.

Du bist ein Wunder, ein Wesen voller Licht. Dein Körper ist das heilige Gefäß für deine Reise hier auf der Erde. Nimm ihn voll an. Hör auf, gegen ihn zu kämpfen.

Dankbarkeit für jede deiner Zellen beschenkt dich mit Vitalität, Verjüngung und Transformation. Die Zeit der Neuerung ist jetzt. Vertraut euch der Weisheit eures Körpers voll an.

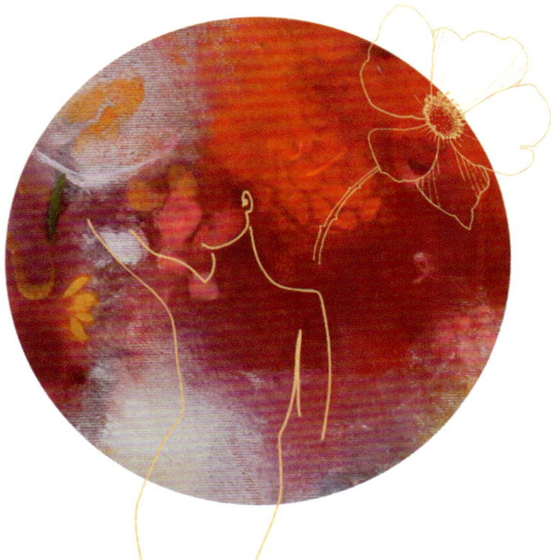

„Heilung ruft mich in meinen Körper,
schwingt in jeder meiner Körperzellen.
Mein Körperbewusstsein darf sich ausbreiten
und in allen Regenbogenfarben
leuchten und heilen."

„Ich darf mich berühren lassen von dem Licht in meinem Körper. Dem Licht, das in jeder meiner Zellen wohnt. Von der Stille und lebendigen Kraft, die all mein Sein durchleuchtet.

Ich darf mich verwandeln lassen, darf leuchten, von innen nach außen. Darf mich rückerinnern an all das Licht, aus dem ich geboren worden bin.

Alles kann und darf heilen in diesem Licht. Alles kann und darf zu meiner vollen Kraft und zum Licht erblühen.

Ich lebe in diesem Körper, dies ist so ein Wunder. Ich kann und werde dieses Wunder annehmen in jeder meiner Zellen. Einfach so, einfach weil ich lebe, einfach weil ich bin. Danke für mein Leben und diesen wundervollen Körper."

Im Herzen

Euer Herz, ihr lieben Seelen, ist euer Anker in diesen Zeiten. Vertraut ihm und lernt es wieder zu verstehen. Es ist nicht schwer, ihr habt euch nur über viele Jahre von eurem Verstand irritieren lassen. Bringt Herz und Verstand zusammen. Lasst es den weisen Lehrer, die weise Instanz in euch sein. Es ist so viel größer und stärker in seiner Liebe und Kraft als euer Verstand.

Ihr seid über eure Herzen verbunden mit dem Leben und miteinander. Euer Herz ist der feine Transformator, der euch die Zeichen der Zeit, die Botschaften eurer Seele übersetzt. Folgt ihm voller Vertrauen.

Es ist ungewohnt für manche von euch, so ins scheinbar Ungewisse zu vertrauen. Denn euer Herz lebt vollkommen im Hier und Jetzt, es plant nicht, sondern gibt sich hin. Euer Herz ist verbunden mit der großen Weisheit, die in allem schwingt. Es begleitet euch auf eurem Weg, der im Einklang ist mit dem vollkommenen Licht des Universums.

Hört auf, alles verstehen zu wollen. Beginnt wieder zu fühlen, wahrzunehmen. Bewohnt euren Körper wieder ganz und lernt mit jeder Körperzelle zu fühlen und wahrzunehmen, welches eure nächsten Schritte sind.

Wem könnt ihr mehr vertrauen als eurem eigenen Körper, der eurer Seele ein Heim, ein Gefährt auf eurer Erdenreise ist? Er ist euer bester Freund. Schließt Frieden mit ihm und kehrt ganz nach Hause zurück in ihn. Euer

Körper verwandelt sich und wird immer leichter und lichtvoller. All die Schwere, die an euren Schmerzkörper gebunden ist, darf sich nach und nach auflösen. Und ihr seid wieder mit eurem ganzen Bewusstsein in jeder eurer Zellen zu Hause. Dies ist das Geschenk, ein Mensch zu sein in dieser Zeit. Ihr transformiert vollkommen, werdet neu und durchlichtet euren Körper, um ihn ganz und gar zu beleben.

So wird es auch wieder leichter werden, eure Herzen vollkommen zu spüren und ihnen zu vertrauen. Die alten Muster des Leids und des Misstrauens lösen sich auf. Manches spült noch einmal an die Oberfläche, um von euch bewusst in Liebe angenommen zu werden, um sich dann aufzulösen.

Bleibt auch bei diesem Prozess in eurem Herzen. Spürt es, lasst Tränen der Reinigung fließen und geht nicht in den Kopf. Seid einfach nur da, spürt, nehmt an und lasst los.

Wir sind immer an eurer Seite und ganz besonders, wenn ihr uns ruft. Ihr müsst nichts mehr wirklich alleine machen. Ihr seid einander die weisen Begleiter durch diese Zeit der Reinigung. Durch euer einfaches Dasein leistet ihr Unvorstellbares. Erkennt das an und hört auf, euch anzutreiben. Eure Körper sind wahre Transformatoren, Lichtkanäle, Verwandlungskünstler. Wenn ihr müde seid, ruht euch aus. Trinkt viel und bewegt euch.

Folgt eurem Herzen, es kennt den Weg.

Verstand

Lernt euren Verstand zu verstehen. Er ist ein Werkzeug, das euch geschenkt wurde. Ein Werkzeug, das ihr benutzen dürft im Dienst der Liebe.

Euer Verstand ist clever und hocheffizient, wenn ihr euch nicht von ihm beherrschen lasst. Öffnet eure Herzen immer weiter und dann fliegt in die Lüfte wie der Adler, verschafft euch Überblick, Weitsicht.

Euer Verstand wurde euch gegeben, um euch zu dienen. Derzeit dient ihr eher eurem Verstand. Das darf sich ändern in der Neuen Zeit. Ihr werdet wieder bereit sein, euch der wahren Kraft und Kapazität eures Verstandes zu öffnen. Dazu gehört die Vereinigung mit eurem Herzen. Bringt Herz und Verstand zusammen.

Berührt in euch den Schatz eurer Visionen und öffnet eure Herzen weit, um Bilder zu empfangen, dir euch tief berühren, glücklich machen, die euch dazu einladen, eure gesamte Präsenz und Liebe dem Leben zu schenken.

Und dann ladet euren Verstand ein, in Klarheit Ideen umzusetzen. Lernt Neues und seid bereit zu sortieren, was euch dient und was nicht.

Euer Verstand hat große Kraft. Der Fokus, mit dem ihr diese Kraft einsetzt, ist entscheidend. Sind es Liebe und Mitgefühl, denen ihr die Aufmerksamkeit schenkt? Oder seid ihr Opfer und badet in eurer scheinbaren Ohnmacht? Es ist immer eure eigene Wahl.

Öffnet eure Herzen für die Liebe, erinnert euch an euren wahren Auftrag und der Verstand wird seine Macht über euch verlieren. Ihr werdet lernen, ihn wahrhaftig einzusetzen im Dienst des Guten. Ihr werdet der Adler sein mit Weitblick, um Neues zu erschaffen.

Erinnert euch und entfaltet eure wahre Kraft und Macht. Beendet die Willkür eurer Gedanken. Lernt sie wieder zu sieben durch das Sieb der Liebe und Einheit. Das Licht, das wahrhaft in euch wohnt, kann sich so immer mehr öffnen und euch verwandeln in ein Wesen, das in Einheit von Herz und Verstand lebt.

„Neues Land, ich träume von dir.
Erwecke dich in meinem Geist.
Ich locke dich hinein in meine Wirklichkeit.
Ich bin bereit für dich."

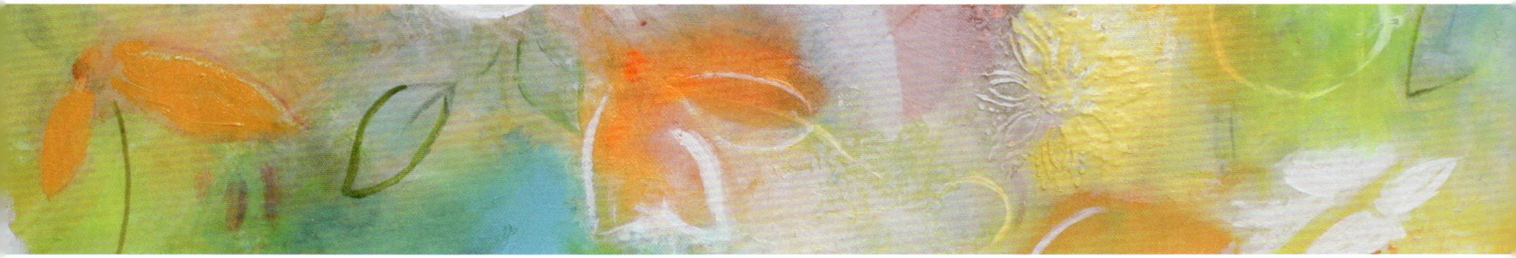

Dienen

Lernt wieder, was es wahrhaft bedeutet zu dienen. Wohin ruft euch euer Herz? Was ist es, das ihr der Welt zu schenken habt?

Zu dienen bedeutet in erster Linie, sich selbst zu dienen. Eurer Seele zu dienen, sich dem Leben zu öffnen und euch so anzunehmen, wie ihr seid. Indem ihr euch selbst liebt, dient ihr der Welt am meisten.

Selbstliebe öffnet euch das Tor zu eurer inneren Schatzkammer. Indem ihr euch für eure eigene Heilung öffnet mit all eurer Ehrlichkeit, all eurem Mut, dient ihr der Welt. Denn eure Heilung ist auch ihre Heilung. Ihr heilt nie nur euch selbst, sondern befreit mit eurer eigenen Heilung immer auch viele andere Seelen.

Heilung ist das größte Geschenk dieser Zeit. Nehmt es an, öffnet euch dafür. Seid bereit für tiefe Transformation von alten Mustern. Dient so all euren Zellen und all den Menschen, die ihr liebt. Von eurer eigenen Heilung wird eine Welle von Frieden in die Welt hinausgehen und immer mehr Menschen berühren. Es ist ein Dienst an der Menschheit, euch selbst zu lieben und euch zu öffnen für Heilung.

Seid bereit für diesen Dienst, den wir, die geistige Welt, euch derzeit so überreich schenken. Lasst das Alte los, öffnet euch für euch selbst.

Der wahre Dienst am Anderen beginnt mit dem Dienst an euch selbst. Von hier aus verschenkt ihr euch selbst voller Freude, voller Gnade und Güte. Ihr entfaltet euch, und tief aus eurer Seele kann eure Schönheit in die Welt fließen.

Seid bereit, einander zu helfen, einander zu würdigen in kleinen und großen Gesten. Lasst die innere Liebe überfließen. Beginnt mit der Dankbarkeit für alles, was euch umgibt, für alles, was ihr seid. Die Dankbarkeit dient dazu, den Blick vom Mangel auf die Fülle zu wenden.

An diesem Punkt beginnt Heilung. An diesem Punkt beginnt der Dienst an euch selbst und euren Mitmenschen. Wahrhaft zu dienen, erfordert ein Überfließen der Liebe. Liebe zu euch selbst, Liebe zu dem, was ihr tut, Liebe zu allen Wesen dieser Erde.

Wahres Dienen geschieht aus Wahrhaftigkeit und Präsenz und beschenkt euch selbst mit tiefer stiller Freude.

Abenteuer

Seid bereit für neue Abenteuer, geliebte Seelen. Packt euren Rucksack voll mit Vorfreude und mit jeder Menge Abenteuerlust.

Gemeinsam begeben wir uns auf eine Reise in ein neues Land. Dieses Land wird euch noch an so vielen Stellen überraschen und zum Staunen bringen. Erwartet keine gewohnten, bequemen Pfade. Doch erwartet Pfade voller Freude, voller Abenteuer und Schönheit.

Die Reise hat gerade erst begonnen. Vorbereitet dafür habt ihr euch schon lange, ob bewusst oder unbewusst. In uns jubelt es, denn das Abenteuer, das uns gemeinsam erwartet, ist voller Wunder. Und ihr seid eins davon.

Hand in Hand mit euch schreiten wir hinein in ein neues Land. Erwecken diesen Planeten zu neuem Leben. Die Freude singt in all unseren Herzen, denn nun ist die Zeit gekommen, gemeinsam mit euch die Neue Welt wachzurufen.

Wir sagen, die Neue Welt ist jetzt. Wir stehen inmitten eines wundervollen Gartens, der gepflegt und erweckt werden will. Dessen wahre Schönheit und Wildheit wieder erblühen darf. Befreit euch von all den Ranken der Bequemlichkeit und erweckt eure Wildheit wieder. Erweckt euer Feuer, euer Leuchten.

Begebt euch auf eine Abenteuerreise in euch selbst und staunt. Staunt über eure wahre Kraft und die Größe der Liebe. In eurer Wildheit steckt eure

Einzigartigkeit. Belebt alle unbekannten, so abenteuerreichen Pfade wieder. Ja, beschreitet sie, entdeckt sie, seid wie Kinder voller Freude auf neue Abenteuer. Legt die Starre ab, und ladet die Verspieltheit ein in euer Leben. Geht spielerisch mit Herausforderungen um, entdeckt dadurch euer neues, so reiches Leben.

Ihr seid die Abenteurer, die Pioniere der Neuen Zeit. Macht euch auf den Weg. Seid offen für neue Weggefährten und offen für komplette Veränderungen in eurem Leben.

Alles ist gut, das Leben liebt euch. Wir sind an eurer Seite und bestehen alle Abenteuer gemeinsam mit euch, mit Leichtigkeit und Vorfreude im Gepäck.

Kreativität

Kreativität ist euer Geburtsrecht, geliebten Seelen.

Hier auf Erden seid ihr inkarniert als Schöpferwesen, jeder auf seine ganz einzigartige Weise. Alleine schon dadurch, dass ihr diesen wundervollen, so unglaublich kreativen Körper habt, der so viele Dinge berühren, gestalten, erschaffen kann.

Nimm dein Geburtsrecht an, lass dir nicht länger einreden, du seist nicht kreativ. Allein auf zwei Beinen zu laufen, auf deine ganz eigene Art zu atmen und deine Hände zu benutzen, um Dinge zu tragen, zu formen, zu verändern ist ein Meisterstück der Kreativität, aus Sicht von vielen Wesen hier im Universum.

Mit deinen Gedanken gestaltest du dein Leben, ob bewusst oder unbewusst. Auch dies ist ein Akt der Kreativität. Werdet euch dieses Geschenks bewusst. Beginnt dieses Leben auf der Erde bewusst mitzugestalten.

Nehmt eure Macht wieder zu euch zurück! Umarmt das Geschenk eurer Kreativität wieder bewusst in eurem Leben! Es ist die Zeit gekommen, in der ihr euch alle verabredet habt, um gemeinsam die Erde in eine neue zu verwandeln.

All eure Kreativität ist hierfür gefragt, all eure Schöpfer- und Schöpferinnenkraft. Vertraut dieser Kraft. Taucht ein in euer inneres Sein und lauscht auf das, was euch von Herzen herruft.

Gemeinsam spannt ihr ein Netz des Neubeginns um diese Erde, läutet die Neue Zeit ein, baut Neues auf. Gestaltet, schöpft und verwandelt euren Heimat-Planeten. Holt euch eure wahre innere Kraft als Menschheit zurück, eure Kreativität. Vertraut ihr und lasst alle Sicherheitsnetze los. Gestaltet etwas ganz Neues.

Kreativität bedeutet Neues zu erschaffen, etwas zu verwandeln, zu transformieren. Hierfür braucht es immer den Kontakt zu eurem Inneren. In der Tiefe eures Seins seid ihr angeschlossen an die große Schöpferquelle des Universums.

Euch hier zu inkarnieren war ein wundervoller kreativer Akt, nicht nur der eurer Eltern, sondern auch der eurer Seele. Heimat zu finden in einem einzigartigen Körper, der sich ständig erneuert, heilt, transformiert. Euer Körper ist ein Universum an Kreativität und Schöpferkraft.

Sag nie wieder: „Ich bin nicht kreativ". Du bist ein einzigartiges Wunder mit deiner individuellen Schöpfer-Quelle. Dein Leben ist Ausdruck purer Kreativität.

Nun kannst du dich fragen, ob dir dieser Ausdruck gefällt oder ob du ihn ändern willst. Dies ist die wichtigste aller Fragen, um deine Schöpferkraft wieder bewusst zu dir nach Hause zu holen. Verbinde dich mit der Liebe in dir. Sei bereit, mutig zu sein und einen Schritt ins Ungewisse zu tun. Bewusste Kreativität lädt dich immer ein, die Kontrolle aufzugeben und dich mit dem unbeschreiblich Großen, Weiten, Leuchtenden in dir zu verbinden. Mit deinem Ursprung, dem wahren Licht, das du bist.

Lerne wieder in Verbindung mit dir zu sein. Mit der kreativen Einzigartigkeit in dir. Du bist ein Wunder, ein Wesen, so machtvoll, so reich.

Hol dir deine Kraft zurück!

Bewegung

Bleibt in Bewegung, innerlich und äußerlich. Bereitet euch vor auf den großen Wandel, geht mit, indem ihr euch bewegt, in eurem Körper und in eurem Geist. Wir erkunden mit euch gemeinsam neue Welten – im Innen und im Außen.

Die Kraft eurer körperlichen Bewegung hilft euch, all dies besser zu integrieren. Tanzt am Morgen, geht spazieren, dehnt euch, macht Yoga. Jeder auf seine Art. Wichtig ist es, dass ihr in keiner Starre verharrt. Die Welt wandelt sich, das Alte geht und das Neue ist oft noch nicht so sichtbar, wie ihr es euch vielleicht wünscht.

Bewegt euch mit von einer Welt in die andere. Bewegt eure Gedanken, lasst euch ein auf Neues. Lasst euch berühren, verwirren und neu sortieren von euch selbst. Denn die Wandlung findet in euch statt. An manchen Tagen werdet ihr darüber überglücklich sein und an anderen verwirrt und orientierungslos. Nehmt diesen Zustand an. Es ist völlig in Ordnung, nicht immer alles zu verstehen.

So viele alte Wunden dürfen derzeit in euch heilen. Der erste Schritt dazu ist, dass sie euch bewusst werden und ans Licht kommen. Dass ihr nicht mehr eine Decke der Ablenkung darüberlegt. Bewegt euch innerlich und äußerlich, denn ihr werdet derzeit durchgeknetet wie ein guter Kuchenteig. Das mag sich erst mal sehr unbequem anfühlen – als ob alles schlimmer und schlimmer wird.

Vertraut und bewegt euch. Öffnet euren Geist für das Lichtvolle in euch. Auch wenn euch die dunkle Nacht der Seele in manchen Momenten zu umfangen scheint, seid ihr nie allein. Gemeinsam bewegen wir uns vom Alten ins Neue.

Beleuchtet das Alte mit Bewusstsein und erkennt, wo Wandel nötig ist. Nicht nur in der äußeren Welt, sondern auch in eurer ganz eigenen. Bewegt euch von der alten in die Neue Welt. Wartet nicht darauf, dass jemand anderes es für euch tut. Was in deinem Leben darf sich transformieren?

Gemeinsam bewegen wir uns von der alten in die neue Welt. Gemeinsam erwachen all die Samen der Liebe, die in den Herzen der Menschen wohnen, und verwandeln das Leben hier auf Erden in Freiheit, Einheit und Lebendigkeit.

Wir, die geistige Welt, danken euch wieder und wieder für euren Mut und eure Bereitschaft, diesen Wandel in eurem Körper mitzugestalten. Ihr inkarniert neu in eurem eigenen Körper. Wie eine Raupe windet ihr euch aus eurer alten Schale, um ein Schmetterling zu werden, der fliegt – hinein in das Licht der Neuen Zeit. Deshalb bewegt euch. Bewegt eure wundervollen Körper, unterstützt euch auf diese Weise in diesem lichtvollen Prozess. Wenn ihr euch körperlich nicht bewegen könnt, bewegt euch in eurem Geist.

Springt, tanzt, dehnt euch auf körperlicher und geistiger Ebene und befreit euch aus eurem alten Kokon, erwacht und verwandelt euch hinein in ein neues Leben.

Hingabe

Seid bereit loszulassen. Das Alte freizugeben und das Neue in euch zu empfangen. Voller Neugierde dürft ihr euch öffnen für die Liebe, die zu euch blickt aus der Neuen Zeit, die jetzt beginnt.

Um bereit zu sein, dieses Licht zu empfangen und zu spüren, lasst los. Lasst all eure Vorstellungen und Erwartungen los.

Das Licht, das zu euch spricht, euch durchdringen und erleuchten will, ist größer und leuchtender als alles, was ihr euch vorstellen könnt. Ihr seid größer und leuchtender, als ihr es euch jetzt, hier und heute vorstellen könnt.

Lasst alle Erwartungen los. Gebt euch dem Prozess des Erwachens hin. Denn dieser findet nicht in der Zukunft statt, sondern im Hier und Jetzt.

Loslassen bedeutet auch, euch freizugeben aus inneren und äußeren Kämpfen. Hingabe an den Moment und alles, was an Gefühlen und Wahrnehmungen jetzt in euch ist, ist das Tor zu eurer Seele. Bejahe das Schmerzhafte ebenso wie das Lichtvolle in dir. Höre auf, deine Gefühle als gut und schlecht zu bewerten. Im vollkommenen Annehmen des Moments, ohne Wertung, scheint das Licht durch alle Empfindungen in dir.

Hingabe bedeutet, niemals aufzugeben. Hingabe lässt dich verschmelzen mit deinem wahren Kern. Der Kampf in dir darf beendet werden. Heilung durchdringt alle Schichten deines Wesens und lädt dich ein, immer mehr zu erwachen. Bewusstheit bedeutet, die Augen und dein Herz zu öffnen, die Wahrhaftigkeit dieses Augenblicks zu erkennen und ihn anzunehmen.

Träume dich wach und lasse los, was nicht zu dir gehört. All die alten Muster der Selbstbestrafung, der Verweigerung und der Ablenkung dürfen sich jetzt verabschieden. Lass den Kampf in dir los. Gib dich dir selbst hin. Öffne dein Herz für dich selbst, für all dein Licht, all deine Schönheit und all deine Freiheit. So befreist du dich selbst aus deinen eigenen Zwängen. Lädst dich ein in ein neues Land, in dem du voll erblühen wirst. Immer dann, wenn der alte Kampf wieder in dir aufflackert, atme und erinnere dich an die Hingabe und daran, dass du loslassen und den Kampf vergessen darfst.

Wir laden euch ein, euch täglich zu verbinden mit der unendlichen Liebe, die wir euch senden. Ihr seid so geliebt. Atmet diese Liebe ein. Badet darin und lasst los. Es ist gesorgt für euch. Ihr seid geborgen in der unendlichen Liebe, die alles durchdringt, aus der alles entsteht und zu der alles heimkehrt. Atmet mit ihr, wann immer Angst und Ungewissheit in euch entstehen. Und lasst so wieder eine weitere Schicht eures alten Kokons sich auflösen.

Ihr verwandelt euch durch euren Atem, ihr lebt durch euren Atem.

Seid bereit für die tiefe Hingabe an das Leben in euch.

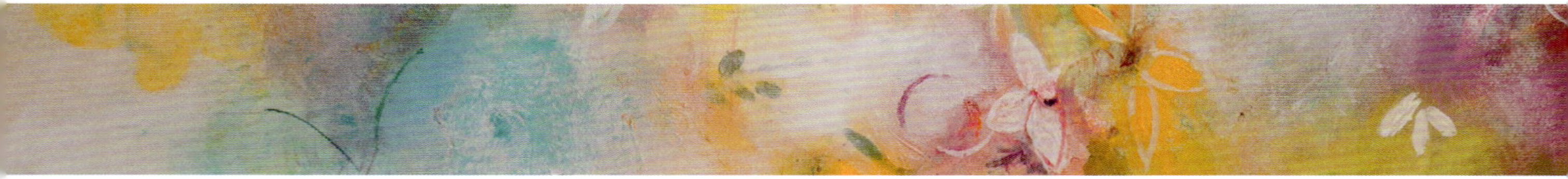

Chaos

Chaos, ihr Lieben, ist nicht leicht auszuhalten für euch. Gebt euch hin - diesem Gefühl von Ungewissheit, wenn das Alte nicht mehr da ist und das Neue noch nicht Wurzeln gefasst hat, noch nicht angekommen ist.

Gebt euch den Gefühlen hin, die dieser Zustand in euch auslöst. Forscht in euch nach der tiefen Sehnsucht, wohin das Leben euch tragen darf. Vereint die Sehnsucht mit dem Nichtwissen und lasst daraus, aus dem stillen Nichts, Bilder und Gefühle aufsteigen. Vielleicht erlaubt ihr euch seit langer Zeit zum ersten Mal wieder zu träumen von einem Land, das euch trägt und liebt. In dem alle eure Sehnsüchte, euer tiefer, innerer Ruf seinen Platz findet.

Hört auf zu funktionieren. Das alte Leben ist beendet, ein Leben, das euch scheinbare Sicherheit gegeben hat, in dem aber nicht euer ganzes Licht Raum hatte zu leuchten. Indem zusammenbricht, was nicht mehr stimmt, habt ihr die Chance zu überprüfen, wie euer Land der Träume wirklich aussehen darf, was euch wirklich erfüllt.

Lasst das Alte los und blickt in euch. Lasst aufsteigen, was dort schon so lange darum bittet, dass ihr ihm zuhört, ihm Raum gebt, sich zu zeigen.

Vertraut euch und vertraut dem Prozess des Zusammenbruchs, der derzeit auf der Erde stattfindet. Ihr seid geborgen in der Liebe, und das Neue wartet schon am Horizont und in euren Herzen.

Dankbarkeit öffnet euch die Tür von der alten in die neue Welt. Sie öffnet auch euer Herz - füreinander und für dich selbst. Schenke dir Vertrauen und wenn die Panik in der Haltlosigkeit aufsteigt, erwarte nichts von dir. Nimm dich in all deiner Unvollkommenheit an und pflanze auf dem Scherbenhaufen deiner Angst ein kleines Pflänzchen der Hoffnung.

Du bist nicht allein und Gemeinschaft ist das, was euch durch diese Zeit begleiten wird. Verbindet euch, schaut gemeinsam nach vorne. Nehmt den Humus der alten Welt, um darauf die neue zu erbauen. Ihr habt erfahren und gelernt, was nicht mehr funktioniert, was nie wirklich funktioniert hat.

Es darf sich alles verabschieden, was nicht aufbauend und verbindend war, was nicht im Geiste des Miteinanders und im Licht der Einheit für alle Wesen dieser Erde entstanden ist. Und das Neue darf aus euren Herzen erwachen für die Erde, für die Menschen und alle Wesen zur Entfaltung ihrer tiefsten Wahrheit und all ihrem Licht.

Gib dich dem Chaos hin, heiße es willkommen, denn es ist der Beginn einer neuen Welt.

„Das Chaos klopft an
und ich durchschreite es
in der Verbindung mit der tiefen Liebe
zum Leben in mir."

Liebe

Wir verneigen uns vor der Liebe dieses Universums. Liebe ist kein Gefühl, Liebe ist der Urzustand, aus dem alles entstanden ist.

Liebe war der Impuls, der euch hat inkarnieren lassen auf diesem Planeten. Liebe ist das Raumschiff, mit dem ihr durch Zeit und Raum gleitet und die Schöpferkraft des Neubeginns hier auf dieser Erde verankert. Liebe ist die Kraft des Ursprungs und der Ausweitung, der Geburt allen Lebens.

Das Licht eurer Seele ist tief verbunden mit der Liebe, die das Universum zusammenhält. Liebe braucht ihr wie die Luft zum Atmen. Ihr braucht sie nicht von anderen, ihr braucht sie vor allem von euch selbst. Selbstliebe ist ein Rückerinnern an die Einheit, an das Licht in euch. Ist ein Verbinden mit eurer Quelle.

Wenn ihr wahrhaft zueinander sagt „Ich liebe dich", sagt ihr: "Meine tiefe Quelle verbindet sich mit deiner Quelle des Lichts, ich erkenne die Einheit in uns."

Lasst dieses Bewusstsein immer tiefer in euch ankommen, erinnert euch. Die Quelle in euch darf immer weiter freigelegt werden von alten Mustern und Schatten. Darf aufsteigen aus dem tiefen Schlaf der Unbewusstheit.

Öffnet eure Herzen im wahren Mitgefühl füreinander. Die Liebe, die euch in der Quelle vereint, lässt euch erkennen, dass ihr alle bereit wart zu vergessen und den Weg der Dualität zu gehen. Ihr dient euch gegenseitig, indem ihr gemeinsam durch das Karussell der Gefühle reist. Gefühle von Trauer, Schmerz, Erkennen, Freude, Einheit und Sehnsucht. Ihr erweckt euch gegenseitig auf dieser Reise und das ist auch eure Vereinbarung.

Die Liebe ist das, wonach ihr am meisten sucht und der Ursprung all eurer Gefühle. Die Liebe ist eure Heimat, aus der alles stammt. Erinnert euch.

Die neue Erde ist tief verbunden mit der Liebe. Alles ist verwurzelt in ihr. Ihr seid erwacht, habt eure Quelle, euer Licht wieder erkannt. Alles, was ihr gestaltet, ist mit der Liebe, mit eurem Ursprung verbunden.

Liebe ist … und Liebe durchdringt alles Leben auf der Erde.

„Meine tiefe Quelle
verbindet sich mit deiner Quelle
des Lichts.
Ich erkenne die Einheit in uns."

Dualität

Dualität ist das Geschenk dieser Erde. Licht und Schatten tanzen hier miteinander. Und ihr erwacht auf eine tiefe Weise in diesem Tanz.

Nur die mutigsten Seelen inkarnieren bis jetzt auf der Erde. Sie waren bereit zu vergessen, aus welchem Licht sie stammen und bereit, dem Dunklen zu begegnen. Sich in einem menschlichen Körper zu erfahren, mit all der scheinbaren Enge und Dichte, nachdem ihr aus dem grenzenlosen Licht inkarniert seid, ist allein schon eine große Hingabe an die Weiterentwicklung eurer Seele.

Diese Grenzen und die Dualität zu erfahren, bereitet ein Feuer der Transformation in Liebe und Hingabe vor. Es ist ein Schmelzen, Sich-Verwandeln, um auf einer höheren Ebene neu zu erwachen - mit einem Herzen voller Mitgefühl für die Schatten. Denn ihr habt sie am eigenen Leib erfahren.

Jesus hat diesen Weg in seinem kurzen Leben vorgelebt. Ihr durchschreitet mehrere Leben. Ihr lernt, erfahrt, begegnet dem Dunklen, dem Schmerz und dem Licht, um am Ende zu purem Gold zu werden.

Kein Planet hat so viel Schönheit und kein Planet so viel Schatten wie die Erde. Ihr lernt, beides in euch zu verbinden, weiblich und männlich, Freiheit und Beschränkung, Schatten und Licht. Seid bereit, Frieden zu finden zwischen diesen beiden Seiten tief in euch. Seid bereit, beides ohne Wertung in euch anzunehmen. Das ist die Schule, die Lehre, durch die ihr hier geht.

Wir verneigen uns vor eurem Mut. Ihr alle tragt große transformierende Kraft in euch, die euch durch das Erfahren dieser beiden Pole stetig zufließt. Deshalb seid ihr hier in dieser Zeit. Deshalb seid ihr durch die Schule des Lebens gereist. All eure Erfahrungen, all eure Weisheit und all euer Wissen werden heute gebraucht zur Transformation dieser Erde in eine neue.

Nun ist die Zeit, in der ihr euch erinnert, erwacht, Licht und Schatten in euch vereint. Ihr seid die Hebammen dieser Zeit, ihr seid die Wächter und Hüter des Wandels. Ihr seid bereit für das große Feuer der lichtvollen Transformation in eine neue Welt.

„Tief in mir wohnt
solch eine weise lichtvolle Seele.
Ich vertraue mich ihr an. Sie führt mich
durch alle Widrigkeiten des Lebens,
lässt mich reifen und wachsen,“

Betrachtet euch mit den Augen der Wertschätzung, seht eure Schönheit im Kleinen und im Großen. Hier beginnt die Neue Welt. Mit den Augen, mit denen ihr euch betrachtet. Seht Licht und es wird immer heller beginnen zu leuchten.

Denn wenn ihr nun zu eurem wahren Wesen erwacht, tragt ihr einen Schatz der Weisheit in euch.

Ihr habt erfahren, wie es nicht funktioniert. Ihr habt erfahren, was Zerstörung und Kampf bedeuten.

Ein Erwachen von hier aus ist ein Erwachen auf dem sicheren Boden des Wissens und des Verstehens. Erhebt euch wie die Lotusblüte, die ihre Füße fest im Schlamm verankert hat und zum Licht hin erblüht.

Erwachen

Die Freiheit ruft in euch. Tretet heraus aus der Dunkelheit des Vergessens. Und erinnert euch an euer wahres Sein, eure Herkunft des Lichts, das immer in euch leuchtet. Der Schlaf des Vergessens um euer einzigartiges Licht und Wesen weicht nun, und der Ruf eurer Seele erwacht in euch.

Erwachen bedeutet nicht, mit einem Schlag weise, nur glücklich und frei von Schmerzen zu sein. Erwachen, ihr lieben Seelen, befreit euch von eurem Vergessen und lässt den Ruf nach eurer Einzigartigkeit unüberhörbar werden.

Dies kann sich erst mal unbequem anfühlen, kann sich als Krise in eurem Leben zeigen. Ihr erwacht aus eurem Schlaf der Unbewusstheit in euer wahres Licht. Das große Aufräumen beginnt in euch und öffnet euch bewusst für eure innere Heilung.

Schaut euch um auf der Erde heute. Das große Erwachen hat begonnen. Ihr seid nun auf dem Weg zu eurem wahren inneren und äußeren Platz. Das große „Stühlerücken" hat begonnen.

Der Schmerz über das Vergessen und den langen Schlaf dringt an die Oberfläche. Gleichzeitig geschieht so viel Heilung. Die Krise führt euch mit Liebe durch eure innere tiefe Transformation. Hieraus wird der Gesang vieler Seelen entstehen, die, angekommen in sich selbst, angebunden an ihr wahres Licht, die Erde in den Klang des Neuen hüllen werden.

Erwacht! Habt den Mut, euch immer mehr selbst zu begegnen, euer Leben von innen nach außen zu verwandeln. Euch zu finden in einem großen Netzwerk der Liebe, Heilung und Transformation.

Wir sind an eurer Seite, helfen euch, den letzten Schlaf aus den Augen zu wischen. Öffnet voller Mitgefühl die Herzen füreinander. Reicht euch die Hände und unterstützt euch gegenseitig auf diesem Weg. Das Licht der Reinheit und Klarheit wird immer stärker in euch werden. Die Ausrichtung in all eurem Tun auf die Liebe wird selbstverständlich.

Habt Geduld mit euch. Durchschreitet wieder und wieder das Tor der Vergebung. Reinigt so eure Herzen, und euer Licht wird immer klarer und heller leuchten.

Die Krise, die ihr erlebt, ist ein großes, heiliges Erwachen der Menschheit. Der Beginn der Reinigung und Heilung hin zu einem erwachten Leben auf dieser Erde.

„Altes schmilzt.
Leise öffnet sich ein Tor in ein neues Leben.
Noch kenne ich es nicht.
Noch bin ich hier
und schmelze im Feuer des Lichts,
der Wahrheit und Freiheit."

„Befreit vom Geist des Wollens, befreit vom Verstand des Müssens,
öffne ich mich für mein Herz der Sehnsucht,
des Vertrauens und der Hingabe.
Leerer Raum entsteht in mir und die Stille der Hingabe.
In Liebe verbunden mit den Welten,
in Einheit berührt von meiner Seele und den Seelen vieler anderer.

Es ist Zeit einzutauchen in die Verbundenheit mit allem.
Die Trennung aufzuheben zu mir selbst
und von der Liebe, die uns alle umgibt.
Gemeinsam durchschreiten wir das Tor in ein neues Leben.
Ein neuer lichtvoller Klang, der alles auf der Erde
in Schwingung bringt und durchlichtet.

Die Dankbarkeit ist die warme Begleitung an meiner Seite,
die Berührtheit meine Herzenstür-Öffnerin.
Das Vertrauen bereitet mir den Weg
und der Mut lässt mich staunen darüber, was alles möglich ist.
Lässt mich wachsen in neue Welten hinein,
jenseits meiner Vorstellung des Möglichen.

Danke Leben für das Wunder, das ich bin.
Danke Leben für die Schönheit, die in allem wohnt.
Danke Leben für das Mitgefühl, das mich verbindet
und neue Wege öffnet in ein tiefes, ehrliches Miteinander."

„Die Bereitschaft,
in Wahrhaftigkeit zu wachsen,
öffnet mein Bewusstsein
jeden Tag weiter und
bringt jede Zelle in mir zum Klingen
voller Lebendigkeit.
Ich bin bereit zu erwachen,
immer weiter ... bedingungslos."

Die neue
Welt

Im Einklang mit euch selbst, erweckt ihr das neue Leben auf dieser Erde. Es hat schon begonnen, das neue, so lichtvolle, so wahrhaftige Leben auf diesem Planeten.

Alles was unwahr, was nicht ehrlich ist, nicht mit dem Licht und der Liebe in Einklang schwingt, wird aufgedeckt, wird ans Licht geholt. Ihr spürt es in euren Systemen und in eurem Leben. Das neue Leben entfaltet sich von innen nach außen.

Der Beginn der Freiheit hier auf Erden besteht im Aufdecken aller Lügen und Unwahrheiten. Das ist vielleicht nicht der Beginn, wie ihr ihn euch vorgestellt und gewünscht habt. Und doch ist es ein Segen. So viel Licht leuchtet in so vielen Seelen. So viel Größe und Bereitschaft erwacht in den Herzen der Menschen.

Die Neue Welt beginnt mit einem globalen Großputz. Denkt dran, wenn ihr einen alten Teppich hochhebt, erkennt ihr oft erst den Dreck, der sich darunter angesammelt hat. Aber den Teppich hochzuheben, um ihn zu reinigen, ist der erste Schritt. So zweifelt nicht an dem Neuen, der Neuen Zeit, nur weil erst mal der ganze alte Dreck sichtbar wird.

Wir, die geistige Welt, unterstützen euch mit all unserer Liebe bei diesem wundervollen Beginn. Die Neue Welt wohnt schon in euren Herzen. Befreit sie daraus, glaubt an sie und verwandelt euer eigenes Leben Schritt für Schritt in das Leben eurer Träume.

Die Widerstände gegen das Lichtvolle auf Erden sind so gering geworden. Das Licht ist zurückgekehrt und durchdringt nun mehr und mehr alles Lebendige auf diesem Planeten. Es lässt all den Lügen und Unwahrheiten keine Chance mehr, euch zu entfernen von eurem wahren Wesen.

Kehrt heim zu euch selbst. Öffnet eure inneren Schatzkammern und folgt eurem Ruf nach Frieden, Einheit und Liebe auf Erden. Begrüßt die wahre Fülle der Lebendigkeit in eurem Leben.

Der Mangel, der mit eurem Opfersein verbunden ist, darf sich verabschieden und damit verwandelt sich euer Leben, entspannt sich und begrüßt euch in eurem Paradies.

Denn diese Erde ist ein Paradies. Schaut euch doch nur in der Natur um, welch Fülle und Schönheit in ihr lebt. Nehmt euren Fokus weg von dem, was nicht perfekt ist, hin zu dem, was schön ist und von dem ihr euch mehr wünscht.

Nehmt den Frieden an, der in euch nach Heimat ruft. Und er wird sich ausbreiten. Reicht euch die Hände, schaut euch in die Augen und teilt eure Worte von Herz zu Herz. Ihr seid alle ein Wunder mit so viel Weisheit. Gemeinsam findet ihr Lösungen für all das, was im Moment unlösbar scheint. Hört euch zu, vertraut euch und öffnet eure Herzen für die Fülle.

Denn es ist alles möglich. Die Neue Welt beginnt jetzt. Sie wächst und breitet sich aus im Stillen, aus der Liebe heraus. Richtet euren Fokus darauf, was nährend und stärkend im Miteinander und Füreinander entsteht.

Hieraus wächst die Neue Welt. Vertraut euch und euren Schritten. Vertraut auch eurem Nichtwissen. Etwas ganz Neues, Wundervolles ist im Entstehen.

Nehmt euer Nichtwissen an und lasst daraus ganz neues Wissen wachsen. Schaut nach vorne und nicht zurück, entwickelt Visionen voller Licht.

Träumt die neue Erde ins Leben, mit einem Herzen voller Vertrauen, Vorfreude und Mut, einem klaren Verstand, bereit für neue Lösungen und ein neues Miteinander.

Befreiung

Euer Leben ist ein Geschenk. Wir bitten euch, es ganz anzunehmen.

Hört auf, euch zu wehren gegen die Fülle und Wahrhaftigkeit, die euch tief in eurem Inneren berühren und befreien will. Empfangt euch in eurer ganzen Schönheit und Kraft. Entlasst das Gefühl, den Gedanken, ein Opfer eurer Lebensumstände zu sein. Befreit euch selbst. Befreit euch von Gedanken der Machtlosigkeit und Gedanken der Bequemlichkeit. Es ist viel einfacher, jemand anderem die Schuld zuzuschieben, als in dein eigenes Herz zu schauen und den Schmerz darin zu befreien, indem du ihn ans Licht holst und dir selbst vergibst.

Deine Seele ruft dich nach Hause, ganz besonders in dieser Zeit. Sie ruft dich, dein ganzes Sein, dein ganzes Licht in Empfang zu nehmen. Es zu befreien aus den alten Glaubenssätzen und Mustern, mit denen du dich selbst klein hältst. Befreie deine wahre Schönheit, entzünde das Feuer der Transformation in dir und wirf all deine so gewohnten Opfergedanken hinein.

Du bist ein Wunder, ein Wunder voller Macht und Licht. Lass dir nicht länger einreden, du seist machtlos, vor allem nicht von dir selbst. Denn hier in dir beginnt die Befreiung. Verändere das Wort „ich muss" in das Wort „ich darf". Alles, was dir hier begegnet, ist ein Angebot, um weiter zu wachsen und noch heller zu leuchten. Selbst in der dunkelsten Nacht leuchtet das Licht deiner Seele hell.

Und oft sind es gerade die schweren Ereignisse im Leben, wo ihr erkennt, dass der Kampf sinnlos ist und nur das Annehmen, die Hingabe euch öffnet für die Wahrheit und das Licht in euch. Mit euren so gewohnten Gedanken, Opfer des Geschehens zu sein, befindet ihr euch immer im Kampf gegen etwas. Der heilige Kampf jedoch, der euch den Weg heimweist und euch eure eigenen Schatten durchschreiten lässt, ist nie gegen etwas. Er ist immer für etwas und für einander.

Befreie deine Liebe für dich selbst, öffne dein Herz für all deine Wunden. Empfange dich selbst mit Armen der Liebe, der Hingabe und Vergebung. Du bist das größte Geschenk deines Lebens. Dein eigenes Licht heilt all deine Wunden und lässt dich durch sie hindurch wachsen, befreien und erblühen.

Du bist ein Wunder, unsere Liebe für dich ist unendlich. Wir sehen dich durch die Augen deiner Vollkommenheit, öffne dein Herz für diese Schönheit. Wir sind an deiner Seite, begleiten dich auf diesem mutigen Weg in dein wahres Leben. Wir schreiten gemeinsam mit dir durch das Feuer der Transformation und feiern dein Licht, feiern deinen Weg, befreit vom Kampf gegen dich selbst. Gemeinsam mit dir öffnen wir das Leuchten deiner Seele immer weiter.

Wir unterstützen dich, eine Schale nach der anderen abzulegen, die Selbstzweifel liebevoll in den Arm zu nehmen und den wahren Kern deiner Seele, deines Lichts wiederzuentdecken. Sei gesegnet, du Wunder.

„Etwas in mir kommt in Bewegung und öffnet sich in eine neue Richtung. Befreit sich von alten Lasten, gibt sich dem Ruf des Neuen hin.

Es ist eine Bewegung, die tief im Inneren beginnt, die langsam die alten Mauern zum Bröckeln bringt. Etwas beginnt zu träumen, ohne wirklich zu wissen wovon. Die alten Wege werden zu klein, sie scheinen so unendlich vertraut, dass sie langweilig werden. Da ist ein leiser Ruf in mir. Es beginnt etwas aufzusteigen. Eine Ahnung entsteht, eine Vision. Doch noch bin ich hier auf meinen gewohnten Pfaden.

Langsam beginne ich, meine Flügel auszubreiten – langsam, ganz langsam. Ich sitze da und staune über die Größe und Schönheit meiner Flügel. Sind es wirklich meine? Bin das wirklich ich?

Langsam öffne ich sie und berühre den Himmel mit ihnen. Ich nehme meinen ganzen Mut zusammen und breite sie aus zu ihrer ganzen Größe und Schönheit. Der Traum vom Fliegen entsteht in mir. Der Traum, frei zu sein in Sanftheit, Einheit und Größe. Eins zu werden mit dem Himmel - und zu fliegen. Ich spüre, wie meine Flügel sich dehnen, wie ich immer mehr in jeden wunderschönen Teil von ihnen hineinwachse und sie zu einem Teil meiner selbst werden lasse. Ich bewege sie sanft und spüre ihre Stärke. Ob sie mich wirklich tragen werden?

Ich weiß, dass ich es tun muss. Ich weiß, es braucht all meinen Mut, meinen gewohnten sicheren Boden zu verlassen.

Mein Herz klopft bis zum Hals. Kurz verlässt mich der Mut und der Glaube an mich selbst. Ich falte die Flügel wieder zusammen.

Doch dann spüre ich sie wieder, diese tiefe Sehnsucht nach dem neuen Land in mir. Ich spüre das Kribbeln in meinen Flügeln. Ich spüre eine tiefe Freude. Mein Herz klopft wie wild. Ich bereite sie aus, meine wundervollen Flügel, laufe ein paar Schritte - und springe.

Kurz glaube ich zu fallen, oh nein, es war doch ein Fehler, alles ist vorbei. Aber dann tragen sie mich. Meine Flügel tragen mich in einen neuen Himmel, hinein in ein neues Leben."

„Ich fliege in die unendliche Weite der Möglichkeiten, die das Leben für mich bereit hält. Hinein in das Abenteuer Leben. Und so tragen meine neuen Flügel mich immer weiter nach Hause zu mir selbst."

Mut

Ihr lieben Seelen, derzeit braucht es viel Mut von euch für diesen Weg aus dem Alten ins Neue. Wir haben schon davon gesprochen, dass ihr das Alte ins Neue transformiert durch euren Körper.

Früher habt ihr den Körper verlassen, seid gestorben, um euch neu zu inkarnieren. Dadurch habt ihr eure Schwingung so erhöht, wie ihr es derzeit tut. Das, was ihr im Moment leistet, ist wundervoll und so mutig. Ihr habt euch bereit erklärt, in diesem Leben durch euren Körper das alte Leben der Erde zu transformieren hinein in eine Neue Zeit, die so viel lichtvoller, so viel höher in ihrer Schwingung ist. Das, was ihr alle gerade leistet, ist unaussprechlich und ein Wunder.

Ihr seid bereit, wie Filter, wie Transformatoren durch eure Gefühle das Alte in euch zu spüren, wahrzunehmen und bewusst zu verabschieden. Das ist eine wahrhaft heldenhafte Aufgabe.

Oft seid ihr müde, das ist verständlich. Wir danken euch für diesen großen Dienst. Deshalb sagen wir auch immer wieder, ihr seid die Geburtshelfer, ihr seid die Schöpferinnen und Schöpfer der Neuen Welt. Nicht nur im Außen, sondern vor allem im Inneren.

Indem ihr immer weiter erwacht, könnt ihr nicht mehr wegschauen, könnt ihr in tiefem Annehmen von allem, was ist, so viel Licht in diese Welt bringen.

Ihr seid nicht alleine. Wir unterstützen all euren Mut, all eure Hingabe und schenken euch die Kraft der Leichtigkeit. Diese Transformation darf leicht sein, darf lichtvoll und einfach sein. Alles, was es dazu braucht, ist eure Bereitschaft, ist euer Mut, das Alte zu verabschieden, ihm dabei noch einmal liebevoll in die Augen zu schauen, voller Dankbarkeit und mit einem tiefen Loslassen in euch.

Und dann seid bereit, das Neue Tag für Tag mehr in euch zu spüren. Seid bereit für eine tiefe Transformation in euch selbst. Seid bereit für euer wahres Licht. Fürchtet euch nicht davor, nehmt diese großartige Kraft zu transformieren in euch an. Es ist euer Erbe, eure Entscheidung für dieses Leben, eure Hingabe an euch selbst. Wir danken euch für euren Mut und das tiefe, wahre Licht, das aus euch allen leuchtet.

Denkt immer daran, es darf leicht sein. Die Neue Zeit ist jetzt. Es ist mutig, das Jetzt anzunehmen, es zu durchleuchten in Liebe, den Blick auf das Neue gerichtet.

Mut

„Wenn es in mir bebt, der Mut mich hinausgelockt hat
aus dem Alten,
ich mich dehne, weite und etwas in mir sich befreit,
dann ist es Zeit loszulassen und zu vertrauen.
Die Neue Zeit braucht neue Wege,
sie braucht uns mutige Menschen.
Das Alte hat ausgedient. Es hat uns bis hierher geführt
und ich blicke voller Dankbarkeit zurück
und voller Staunen nach vorne.
Bin bereit für das Wunder, das sich vor mir entfaltet,
dem Leben ein neues Licht schenkt
und der Erde Wandlung und Neubeginn.
Gemeinsam dürfen wir uns öffnen für mutige neue Schritte,
für ein neues Leben auf dieser Erde.
Gemeinsam öffnen wir die Tore des Lichts
und alles durchlichtet, befreiet und verwandelt sich."

Dankbarkeit

Losgelöst von allen Erwartungen befreit Dankbarkeit euch tief in eurem Herzen. Erinnert euch wieder und wieder daran, dankbar zu sein. Macht es euch zur Routine und erlaubt euch, die Welt so durch ganz neue Augen zu sehen.

Eure Dankbarkeit ist der Schlüssel ins Hier und Jetzt. Sie öffnet euch Türen ins Reich der inneren und äußeren Fülle. Die Antwort auf all eure Zweifel ist die Dankbarkeit für das, was schon da ist.

Lasst das Leben sich vor euch entfalten. Nehmt den Fokus weg von dem, was nicht perfekt ist und begrüßt die Unvollkommenheit in euch voller Dankbarkeit. Innerer Frieden entsteht aus dem Moment, aus der Präsenz, der Klarheit und Einheit mit allem, was jetzt da ist.

Indem du dir in Dankbarkeit bewusst machst, was jetzt da ist, bist du in Fülle. Denn auch jede noch so unangenehme Situation enthält früher oder später ein Geschenk für dich, lässt dich reifen und wachsen und dich immer mehr nach Hause in dein tiefes inneres Licht finden.

Schaut euch mit Dankbarkeit im Herzen um, was der Wandel, diese Zeit, euch heute schon alles geschenkt hat. Erwacht hinein in die Fülle des Lebens und Dankbarkeit wird euer Licht immer heller leuchten lassen.

Sagt einander Danke für die kleinen Dinge des Lebens. Würdigt euch gegenseitig auf eurem Weg. So zündet ihr ein Licht in den Herzen eurer Mitmenschen an und in eurem eigenen.

Habt ihr schon beobachtet, was für ein stilles tiefes Glück wahre Dankbarkeit in euch zum Schwingen bringt? Habt ihr schon beobachtet, wie in euch mit Dankbarkeit ein tiefes inneres Licht beginnt zu leuchten? Es ist das Licht eurer Seele, welches das Licht in den Herzen eurer Gefährtinnen und Gefährten auf dieser Erdenreise erkennt und sich dankbar davor verneigt.

Erwacht in Dankbarkeit für das Licht, das in euch leuchtet - heller und heller.

„Dankbarkeit berührt meine Seele in tiefer Einheit.
Öffnet mich für Neues
und entlässt das Alte ohne Zögern.
Dankbarkeit bereitet den Boden für ein neues Leben
und verwandelt Schatten in innere Schätze."

Unbekanntes

Geliebte Seelen, vertraut eurem Nichtwissen. Seid bereit dafür, ladet es ein in euer Leben. Indem ihr dem Nichtwissen in euch zustimmt, seid ihr bereit für das Neue, seid ihr bereit, das Alte hinter euch zu lassen.

Denn ihr erkennt an, dass es bei euch nicht mehr funktioniert. Und ihr hört auf, die Lösung für euer Leben im Altbekannten finden zu wollen. Traut euch hinein ins Unbekannte. Traut euch in den stillen Raum der Hingabe und des Nichtwissens, werdet still darin. Lasst los, gebt die Kontrolle ab. Und befreit euch von alten Mustern des Festhaltens und Bestimmenwollens.

Übergebt euch einem tiefen inneren uralten Wissen. Lasst es aufsteigen in euch, leise Schritt für Schritt. Spürt die Verbindung zu etwas, was über euch hinausgeht. Ihr alle habt es mitgebracht, ihr alle seid verbunden mit der Quelle aller Weisheit. Lasst das scheinbar Unbekannte euch führen. Ihr kennt den Weg, ihr kennt die Neue Zeit. Haltet nicht fest an Altem, gebt es frei, damit das Neue euch finden kann.

So bereitet ihr den Weg in eine neue Zeit, in ein neues Leben auf dieser Erde, indem ihr das neue Wissen in eurem Nichtwissen willkommen heißt, ihm Raum schenkt, euch zu finden.

So werden die Funken der Begeisterung und Inspiration euch finden und sprühen lassen wie ein leuchtendes Feuerwerk. Neue Ideen und Lösungen werden euch finden und gemeinsam werdet ihr viel Neues entwickeln, neue Technologien, Heilungsmethoden und Lebensweisen ...

Leuchtet, geliebte Seelen, leuchtet in eurem Nichtwissen. Es gehört zu jeder genialen Erneuerung dazu. Es ist der Beginn jedes Neubeginns. Seid bereit, die Kontrolle aufzugeben. Und seid bereit, jetzt schon die vielen Funken der Inspiration von Neuerungen auf diesem Planeten zu erkennen. Die Neue Zeit ist jetzt.

Und in dieser Zeit seid ihr bereit für den stillen Raum des Nichtwissens. Der Raum, in dem ihr nicht mehr alleine nach Lösungen sucht. Wir sind an eurer Seite und begleiten euch durch diesen Raum, begleiten euch zur Quelle aller Weisheit.

Gemeinsam findet ihr Lösungen für alles, was erneuert werden darf auf dieser Erde. Gemeinsam findet ihr immer wieder aus dem Nichtwissen hinein in den großen Pool der Möglichkeiten und entzündet ein Feuerwerk der Begeisterung und Inspiration.

Gemeinschaft

Du bist geborgen in einer großen Gemeinschaft, geliebte Seele. Erinnere dich an all deine Weggefährten. Ihr alle wartet in dieser Zeit nur darauf, euch in Einheit zu begegnen.

Die Zeit der Einsamkeit auf dieser Erde ist beendet. Es war eine Einsamkeit im Herzen. Ein Sich-verloren-Fühlen, da ihr vergessen hattet, wo eure wahre Heimat ist. Ihr kamt euch verloren vor, alleingelassen, auch in der Gemeinschaft eurer Mitmenschen. In Wahrheit wart ihr nie alleine, ihr hattet nur euch selbst, euer tiefes inneres Licht, eure innere Heimat vergessen.

Mit eurem Erwachen erinnert ihr euch, und auch die Verbindung zu euren Brüdern und Schwestern erwacht wieder tief in euch. Der Kampf ist vorbei, ein neues Miteinander hat begonnen. Lasst eure Schutzmauern fallen und findet euch wieder.

Ein tiefer Frieden wird von diesem Wiedererkennen und Miteinander ausgehen. Die Trennung ist aufgehoben, die Liebe fließt wieder aus eurer eigenen tiefen Quelle. Stille breitet sich in euch aus. Und ihr spürt die Verbindung zu der tiefen weiten Liebe des Kosmos, aus der ihr alle stammt.

So vereint ihr euch in einer wahren Gemeinschaft der Menschheit, die verbunden ist mit ihrem Ursprung und ihrer Weisheit.

Ihr reicht euch die Hände und seid euch eurer Einzigartigkeit bewusst. Jeder ist etwas ganz Besonderes, ein Wunder und gemeinsam seid ihr die Neue Erde.

Euer Licht strahlt weit über die Erde hinaus, ist verbunden mit so vielen Wesen des Lichts. Gemeinsam seid ihr alle Schwestern und Brüder des Universums. Schaut über diese Erde hinaus und erkennt, dass ihr nie alleine wart. Wir, die geistige Welt, waren immer an eurer Seite und in diesen besonderen Zeiten sind wir besonders dicht bei euch.

Alles Leben auf der Erde ist eng verbunden mit dem großen, weiten Kosmos. Goldene Lichtfäden werden immer dichter gesponnen um das Netzwerk aller Wesen, die diesen Aufstieg begleiten, auf der Erde und im Universum. Vor langer Zeit haben wir uns verabredet, gemeinsam diese Reise in eine N eue Zeit zu unterstützen.

Öffne dich immer weiter, erinnere dich und nimm deinen Platz ein in der Gemeinschaft aller Wesen des Lichts.
Die Liebe verbindet uns.

„Wusstest du, dass es so viele von uns gibt? So viele, die schon so lange dieses Licht tragen. Die es nun immer heller leuchten lassen und wissen, dass wir angekommen sind auf der anderen Seite. Die wissen, dass nun die Zeit ist, all unsere Lichtfackeln zu einer großen zu vereinen und ein Feuer der Liebe und des Neubeginns auf Erden zu entzünden. Die alte Zeit des Kampfes ist vorbei. Das

Dunkle weicht, es stöhnt in seinen letzten Atemzügen, um dann diese Erde zu verlassen. Erinnerst du dich an all deine Weggefährtinnen und Weggefährten? Nun ist die Zeit, uns bewusst zu vereinen im Geiste, im Herzen und das Licht der Liebe weit über diese Erde leuchten zu lassen. Du bist die Liebe, du bist das Licht, das jetzt erwacht."

Freiheit

Wir laden euch ein, Platz zu nehmen in eurer Freiheit. Einer Freiheit, die tief in euch lebt. Unabhängig von allen äußeren Umständen.

Ihr seid frei. Heißt diese Freiheit auch in eurem Verstand willkommen. Heißt die Freiheit der unendlichen Möglichkeiten in eurem Herzen willkommen. Richtet euch auf zu eurer wahren Größe. Atmet ... lasst alle einengenden Glaubenssätze los. Löscht das Erbe von Kampf und Gewalt aus euren Zellen.

Wahre Freiheit ist immer verbunden mit der tiefen Liebe in euch. Befreit euch von den alten Glaubensstrukturen darüber, was in dieser Welt funktioniert und was nicht. Ihr seid so viel mehr. Und Größe schwingt in all euren Zellen und will nun von euch geweckt und angenommen werden.

Die Zeiten, in denen ihr euch selbst eingeengt habt, sind vorbei. Seid bereit für euer wahres Erwachen in eure innere Freiheit.

Freiheit darf auch inmitten von Schmerz da sein. Ihr könnt mitten im Schmerz stehen, ihn voll annehmen und eure Freiheit so in euch erwecken und von innen her leuchten.

Freiheit beinhaltet, euch bewusst zu machen, dass ihr die Wahl habt, wie weit ihr euer Bewusstsein öffnet. Ihr seid unendliches Licht, tief in eurem Kern. Erinnert euch, empfangt es, und strahlt es weit über euch hinaus.

Nichts und niemand kann euch in eurer wahren inneren Freiheit einschränken, kann euch die Weite eures Geistes nehmen. Wendet euch wieder der Macht eures Geistes bewusst zu. Alles in eurem Leben erschafft ihr von innen nach außen. Eure Gedanken und Gefühle gestalten eure Wirklichkeit. Ihr habt die Wahl zu entscheiden, was für eine Wirklichkeit für euch wahre Freiheit bedeutet.

Zögere nicht länger, dich mit deiner wahren Kraft zu verbinden. Jede Zelle in dir erwacht und die Freiheit in dir ruft dich nach Hause.

Eure Kraft

Ihr wunderbaren leuchtenden Seelen, erinnert euch an eure wahre Kraft! Sie wohnt in euch schon immer. Befreit sie wieder und entlockt ihr alle Geheimnisse über euer Leben. Denn in ihr findet ihr das, was ihr sucht: euren wahren Weg und tiefen inneren Ruf.

Eure Kraft, geliebte Seelen, ist uralt und wird in dieser Zeit wieder erweckt in ihrem ganzen Licht. Und wir sagen Licht, denn eure Kraft ist nichts als pures, reines Licht der Liebe, das den Weg kennt und ihn geht. Das Wort Kraft ist in der Vergangenheit oft missbraucht worden auf der Erde, im Sinne von „Macht über etwas", und deshalb schrecken viele von euch vor ihrer wahren Kraft zurück. Aber eure Lichtkraft, die den Weg in die Neue Zeit kennt, wird wahrlich gebraucht in dieser Zeit.

Seid bereit, euer Lichtschwert der Liebe wieder in Empfang zu nehmen. Es ist das Schwert der Liebe, das euch unterstützt, alte Bindungen zu trennen, in Ehrlichkeit und Wahrhaftigkeit für euren Weg einzustehen und mutig neue Schritte zu gehen. Ihr tretet heraus aus dem Opfersein und entlasst die alten Wege, die euch einschränken auf dem Weg eures Herzens. Entlasst sie voller Dankbarkeit und voller Reife, denn sie haben euch erblühen lassen und das Leben geschenkt, das ihr heute lebt. Schaut mit Dankbarkeit auf die Vergangenheit und dann hebt euer Lichtschwert und trennt euch von ihr. Richtet euren Blick auf das Neue und folgt eurem inneren Ruf.

Ihr werdet gebraucht in dieser Zeit. Eure Kraft beinhaltet ein wichtiges Puzzlestück, welches das große Ganze mehr und mehr zum Leuchten bringt.

Vertraut euch, vertraut euren Herzen und dann geht jeden Tag einen Schritt weiter. Schritt für Schritt erschafft ihr ein neues Leben auf dieser Erde. Wenn die Zweifel kommen, erinnert euch wieder an eure Kraft der Liebe, die euch ruft. Und wenn es Zeiten der Verwirrung und Dunkelheit in euch gibt, erinnert euch an euer Lichtschwert. Verbindet euch in Liebe und Stille und folgt eurem Weg der Heilung durch eure Gefühle. Nehmt alles an, ohne dabei ins Drama zu gehen. Lasst es da sein, dann verwandelt es sich. Aus der Nacht erwacht der Tag wieder und befreit euch, erweckt euch immer weiter.

Eure Kraft ruft euch immer weiter, immer tiefer hinein in euer Erwachen, denn hierfür habt ihr euch mit euch selbst und vielen anderen in diesem Leben verabredet. Erwacht, geliebte Seelen, und erweckt eure wahre Kraft der Liebe wieder in euch. Sie wird euch führen und den Weg bereiten in die wundervollsten inneren und äußeren Reiche.

Seid bereit für euch selbst. Seid bereit für das Wunder, das in euch wohnt und jetzt erwacht.

„Wenn die Kraft und Wildheit in mir ruft,
sich befreien will,
hinaustreten möchte ans Licht,
dastehen möchte in all ihrer Liebe und Größe,
dann ist es gut,
sie mit offenen Armen zu empfangen.“

Aufbruch

Jede Zelle in euch, ihr geliebten Seelen in einem menschlichen Körper, ist dabei aufzubrechen, sich zu öffnen für all die innere Weisheit, die schon immer in euch gewohnt hat und die nun bereit ist, sich zu entschlüsseln.

Ihr beginnt eine komplett neue Sprache zu verstehen. Die Sprache des Lichts. Die Sprache, die ohne Worte auskommt. Die Sprache, die auf uraltem inneren Wissen und Weisheit beruht. Die Sprache des Universums und all seiner Sterne. Die Sprache von Atlantis und Lemuria.

Kristallstrukturen in euren Zellen werden wieder aktiviert und gehen in Resonanz mit einem tiefen Ruf nach Aufbruch in eine neue Freiheit, in eine Rückerinnerung an Zeiten, in denen das Licht der Erde allgegenwärtig war.

Doch dieser derzeitige Aufbruch geht noch weit hinaus über diese so lichtvollen vergangenen Zeiten. Er öffnet euch und uns alle für eine Einheit, für einen Neubeginn und bringt zusammen, was ehemals getrennt war.

In dieser Vereinigung, dieser Bündelung des Lichts liegt ein Aufbruch, der weit über diese Erde hinausgeht. Denn wir sind alle verbunden und ein Universum. Ein komplett neues Zeitalter hat begonnen und beginnt sich auszurichten auf die Erweiterung allen Bewusstseins.

Schau hinaus über dein Leben, über das Leben auf dieser Erde und du wirst erkennen, wie groß und mächtig du in Wahrheit bist.

Erinnere dich … und schrecke nicht davor zurück, diese Macht wieder vollkommen zu dir nach Hause einzuladen.

Ihr habt so viel Machtmissbrauch auf dieser Erde erlebt, dass ihr zögert, euch dieser wundervollen Kraft wieder voll hinzugeben, euch und all eure Zellen dafür zu öffnen.

Deshalb wird es Schritt für Schritt geschehen. Es wird viel Erlösung und Ablösung von alten Verstrickungen stattfinden. Ihr dürft euch vergeben, dürft euch reinigen von vielen alten Leben. Es waren dunkle Zeiten auf dieser Erde und doch seid ihr hindurchgeschritten, seid gewachsen und gereift. Nun kehrt das Licht wieder zurück in all seiner Klarheit und all seiner Liebe.

Seid bereit für euch. Seid bereit zu leuchten wie die Sterne.
Seid bereit für all eure Macht der Liebe.
Und seid behutsam und offen für euch selbst.

Wir sind an eurer Seite, unterstützen euch in jedem Moment dieses wundervollen Aufbruchs hinein in eine Zeit voller Liebe und Erleuchtung.

Neugierde

Befreit eure Neugierde, entfesselt sie von alten Vorstellungen. Tanzt mit ihr hinein in das Land eurer Träume und Wünsche. Öffnet euch wieder für eure verspielte, unbegrenzte Freude auf das Neue.

Ihr alle seid Kinder des Lichts, ihr alle wisst tief in euch von den neuen Pfaden, die die Menschheit in dieser Zeit wieder betritt.

Das Wie braucht all eure Fantasie, all eure Vorfreude. Beschränkt euch nicht länger durch alte Glaubenssätze. Es hat eine neue Zeit begonnen und ihr könnt diese nicht mit der Vergangenheit vergleichen.

Öffnet all eure Sinne, vertraut eurer Intuition. Durch sie findet ihr Wege in die Neue Zeit, durch sie tauchen neue Möglichkeiten auf, euch zu verwandeln. Lauscht nach innen und seid neugierig auf das, was sich in euch entfalten will. Sagt nie „das geht nicht". Alles ist möglich, für alles gibt es einen Weg. Manches Mal dürft ihr noch tiefer lauschen in euch, um noch wahrhaftigere neue Antworten und Impulse zu finden.

Gebt euch nicht mit dem Erstbesten zufrieden, lauscht immer tiefer voller Vorfreude, voller Neugierde. Und ihr werdet erfahren, wie sich das Neue immer mehr in euch zeigt.

Vertraut, setzt Stück für Stück zusammen wie ein Puzzle. Manch ein Impuls mag zu einer Zeit keinen Sinn machen. Vertraut, der Sinn wird sich euch offenbaren, Schritt für Schritt.

Spielt, lacht, tanzt, bewegt euch und empfangt die Weisheit, Kreativität und die Freude, die sich durch euch in dieser Zeit ausdrücken möchte.

Empfangt die Sternschnuppen, die Impulse, Ideen für die Neue Zeit und setzt sie voller Neugierde ohne Zweifel um.

Ihr alle seid ein Netzwerk aus kreativen Geistern.
Öffnet euch und empfangt den Segen dieser Zeit,
voller Offenheit und Neugierde. Wir danken euch!

„Neues ruft mich, lockt mich hinaus in die Welt und erweckt alle meine Sinne zu neuem Leben. Es durchströmt mich und durchleuchtet mich. Eine frohlockende Neugierde hat mich erweckt und durchbricht alle meine Zweifel, all meine bis dahin gekannten inneren Grenzen.

Wusstest du, dass wir zu allem fähig sind, was wahrhaft in uns ruft? Dass es geheime, abenteuerliche Wege gibt, die uns führen, an die Hand nehmen und uns mitten hinein in unser Glück leiten? Wege, die in uns rufen und die wir uns in unseren kühnsten Träumen so nicht hätten vorstellen können. Wege, die sich vor uns entfalten, während wir sie gehen - mitten hinein in unsere vollkommene Schöpferkraft.

Jeder Schritt ist Erfüllung im Sich-Verschenken an die Welt. Wir träumen uns wach, breiten unsere Flügel aus und betreten mit wachen Schritten unser neues Land. Fliegen nach Hause in unser Glück, das tief in uns wohnt und jeden Winkel des Lebens zum Strahlen bringt."

Bereitschaft

Seid bereit, euer volles Potenzial wieder in Empfang zu nehmen. Seid bereit für euren Aufstieg als Menschheit.

Zweifelt nicht länger an eurer wahren Macht, an eurer wahren Schönheit und Freiheit. Jetzt ist die Zeit für euer volles Ja zu diesem Aufstieg. Macht euch nicht länger kleiner, als ihr seid. Empfangt all eure Gaben und Aufgaben, nehmt euren Platz ein. Eure Aufgabe liegt direkt vor euch, zweifelt nicht, nehmt sie an.

Ihr alle seid Piloten und Pilotinnen des Raumschiffs Erde. Es braucht eure volle Bereitschaft, euer Ja für diesen großen Schritt.

Versammelt euch, verbindet euch, erhöht eure Energie gemeinsam, im tiefen Erkennen eurer selbst und dem Erkennen all eurer Weggefährten.

Die Bereitschaft in euch ist der Zündschlüssel, ist die Öffnung für die Neue Zeit hier auf Erden. Sie hat begonnen. Ladet sie mehr und mehr in euer Leben ein. Orientiert euch neu. Bereitet den Boden für den kompletten Wandel hier auf Erden. Lasst das Alte los, gebt es frei und ladet die Liebe ein in euer Leben.

Schritt für Schritt werden sich neue Räume für euch öffnen. Werden sich neue Funken der Inspiration in euch entzünden und zu einem Feuerwerk der Begeisterung für die Neue Erde erwachen.

Eure Bereitschaft, das Alte loszulassen, entfacht euren ganzen Mut. Vertraut dieser Zeit, sie ist eine ganz besondere und sie unterstützt euch in all euren Schritten in Richtung eines neuen Lebens.

Erwacht, bereitet den Weg vor, den viele nach euch gehen werden. Ihr seid diejenigen, die den Weg bahnen in unbekanntes Land.

Wir danken euch für euren Mut und eure Bereitschaft. Unsere Liebe und Unterstützung ist an eurer Seite.

Lauschen

Geliebte Seelen, lernt wieder dem wahren Ton eurer Seele zu lauschen. Hört ihren Klang, ihren Ruf nach euch selbst. Spürt die Sehnsucht und Liebe, die in euch schwingt, wenn ihr ihn vernehmt.

Er heilt euch, richtet euch aus auf das Leben, das voller Lebendigkeit nach euch ruft. Ein Leben im Einklang mit euch selbst. Ein Leben im Einklang mit allen Lebewesen.

Spüre diesen Ton in dir und lausche auf ihn. Er führt dich, zeigt dir den Weg hinein in dein neues Leben. Er bereitet dich vor und lässt dich dein Sein neu entdecken, das Wunder in dir und deine wahre Größe wahrnehmen. Seid bereit für den Klang des Neuen, der in allem schwingt.

Hört euch gegenseitig wahrhaft zu. Lernt wieder in euch zu schweigen, still zu sein, während ihr einem anderen Menschen zuhört. Dann hört ihr den wahren Sinn hinter den Worten und schenkt euch gegenseitig Raum, euch wahrzunehmen. Dieser Raum ist so kostbar und schwingt voller Wahrhaftigkeit. Gemeinsam öffnet ihr ein Tor hinein in eure innere Weisheit, hinein in das tiefe wahre Licht, das in euch leuchtet.

Lauscht auch auf Mutter Erde, den Wind und den Mond. Lauscht auf die Rhythmen des Lebens und ihr findet Vertrauen im Hier und Jetzt.

Denn alles unterliegt einem stetigen Wandel und will immer wieder neu entdeckt werden.

Schenkt euch gegenseitig den stillen, wahren Raum der Liebe und Aufmerksamkeit und ihr werdet gemeinsam erwachen. Entlasst das stetige Geplapper aus eurem Leben und vertraut der Stille. Zeigt euch ohne Masken und offenbart einander so euer wahres Licht.

Eure Verletzlichkeit macht euch so schön, so lichtvoll. Ehrt euch wieder dafür.

Indem du dich öffnest für den wahren Ton in dir, beschenkst du die Welt mit deinem Licht. Danke für dich!

Corona

Ihr lieben Seelen, öffnet eure Herzen und inneren Augen und schaut gemeinsam mit uns auf dieses Geschenk. Ja, wir sagen Geschenk. Corona ist die Krone, die euch aufgesetzt wird, um euch zu erinnern an euer Erwachen.

Nun ist der Zeitpunkt, an dem ihr als Menschheit erwacht. Ihr erwacht aus eurem Schlaf der Unbewusstheit und erkennt als Erstes, dass ihr alle eins seid. Ihr seid eine Menschheit auf dieser Erde und Corona öffnet euch die Augen dafür. Es verändert die Welt, lässt Altes gehen, lässt längst Überfälliges zerbrechen und öffnet eure Augen für alles, was unwahr und unstimmig ist.

Es ist kein leichter Prozess, es braucht all euren Mut, euch den Schlaf aus den Augen zu reiben, bereit, für die Wahrheit und für Veränderungen zu sein. Der Tod wohnt nun mitten unter euch. Er hat es immer getan, aber nun könnt ihr nicht mehr wegschauen.

Empfangt den Segen dieser Zeit. Empfang die Freiheit, die sich in all den Veränderungen öffnet. Ja, wir hören manche von euch „Freiheit?" fragen. Ein Lockdown oder Ähnliches scheint ja rein äußerlich genau das Gegenteil von Freiheit zu sein.

Die Freiheit, die wir meinen, liegt in der Veränderung, die über die ganze Welt zieht, eine Veränderung, die im Äußeren beginnt, aber tief in euch einen neuen Ton anschlägt.

Ihr beginnt euch mehr und mehr zu fragen, wie ihr wirklich leben wollt. Was wahrhaft in euch klingt.

Indem die alten Strukturen zum Einsturz kommen, öffnen sich neue Türen der Wahrhaftigkeit. Seid dabei, seid die Seelen, die den neuen Klang der Liebe in die Welt tragen.
Erinnert euch an euren Ruf. Erwacht unter der Krone der Bewusstheit. Vereint all eure Liebe, all euer Wissen, das in euch wohnt, und tretet hinaus aus dem Schatten der Angst.

Corona macht euch alle zu Königinnen und Königen der Neuen Welt. Es ist das Tor, der Rebell, der laute, unüberhörbare Gongschlag und der weise Lehrer an eurer Seite – auf dem Weg, ein neues Leben auf der Erde zu beginnen.

Schaut genau hin, was nicht mehr funktioniert und ersetzt es durch Liebe. Seid bereit für tiefgreifende Veränderungen in eurem Leben und in der äußeren großen Welt. Lasst los und vertraut.

Vertraut auch dem Schmerz und der Trennung. Haltet eure Herzen geöffnet und folgt dem Ruf eure Seele. Die Welt wandelt sich. Das Leben meint es gut mit euch. Wir sind an eurer Seite in diesen herausfordernden Zeiten und begleiten euch hinein in eine Neue Welt als Könige und Königinnen der Liebe.

Stille

Stille lebt tief in jedem von euch. Taucht wieder ein in sie. Begrüßt sie in eurem Leben ganz bewusst.

Diese Zeiten lehren euch Stille als ein kostbares Gut zu schätzen. Der Lärm der äußeren Welt ist allgegenwärtig. Findet zurück zu der einfachen, so nährenden Stille in euch. Aus der Tiefe der Stille entstehen Universen. Und aus der Tiefe der Stille entsteht auch die Neue Welt.

Findet ein Ritual, das euch täglich mit eurer inneren Stille verbindet. Meditiert, geht spazieren und schweigt. Lasst Gesagtes, Erlebtes in euch nachklingen und lauscht auf den Ton, der dabei in eurem Herzen klingt. Entlasst eure lauten Gedanken, nehmt einfach nur den Ton wahr.

Dies hilft euch, Wahres von Unwahrem zu unterscheiden. Dies hilft euch, eurem inneren Kompass zu folgen.

Besucht täglich den tiefen inneren See der Stille in euch und trinkt daraus. Schweigt auch miteinander, beschenkt euch gegenseitig mit der reichen Fülle der Stille. Das Leben ist so viel mehr als das Geplapper eurer Gedanken.

Schweigt, seid still, wenn ihr Momente der Ratlosigkeit habt. Nehmt diesen Raum des Nichtwissens an. Er öffnet euch für eure tiefe innere Weisheit. Lasst los, seid bereit, der Ungewissheit in euch zu begegnen.

Die Neue Welt entsteht aus der Stille, aus dem Anhalten, Atmen und tiefem Hinspüren, was wahrhaft ruft. Die Neue Welt braucht das Annehmen der Stille und des Nichtwissens. Nur so kann wirklich der neue Samen beginnen zu keimen.

Eure Stille ist die Sonne, die Liebe und Ehrlichkeit, die ihn aufbrechen lassen, um dem Licht einer neuen Welt entgegenzuwachsen.

Liebt die Stille und begleitet euch gegenseitig hinein in die Wahrhaftigkeit dessen, was tief in euch lebt in jedem Moment.
Stille findet ihr in euch mit jedem bewussten Atemzug.
Sie verbindet euch mit der Erde, dem Kosmos und euren Herzen.
Der Same des Neuen wächst aus eurem Herzen hinein in die Welt.

Reinigung

Geliebte Seelen, eine tiefgreifende Reinigung durchleuchtet diesen Planeten und alle seine Bewohner. Von dieser Reinigung ist niemand ausgeschlossen. All eure Kanäle, alle Zellen und Verbindungen unterlaufen derzeit eine tiefe Reinigung.
Es ist wunderschön, euch dabei zuzusehen, wie euer Licht immer heller wird. Wie das Licht eurer Seele von allen Schatten des Vergessens, des Schlafes mehr und mehr gereinigt wird.

Ihr seid eure Seele. Ihr seid das Licht. Ihr verwandelt euch und in manch einem von euch werden bisher unbekannte Fähigkeiten an die Oberfläche steigen. Ihr mögt euch als völlig neue Wesen erfahren.

Vertraut, ihr trugt nur eine Zeit lang eine andere Verkleidung. Diese legt ihr nun nach und nach ab und darunter entdeckt ihr euch selbst. Manchmal ungewohnt, gleichzeitig jedoch tief in euch vertraut.

Es ist nicht immer bequem, wenn alte Schichten fallen, aber ihr könnt euch öffnen für die Leichtigkeit. Denn in Wahrheit ist diese Verwandlung, diese Transformation so leicht. Alles, was es von eurer Seite aus bedarf, ist die Einwilligung zur Leichtigkeit, zur Einfachheit. Und dann habt Geduld mit euch, wie ihr euch herausschält aus eurem alten Ich.

Für manchen mag alles Alte nicht mehr stimmen, mag alles zerfallen, was eben noch so sicher schien.

Vertraut, ihr seid geborgen in euch selbst und ihr seid geborgen unter unseren Flügeln der Liebe. Es ist eine Zeit der großen Transformation. Gebt euch eurer eigenen Verpuppung, Vergoldung und Entfaltung hin, hinein in euer neues wahres Selbst. Gebt euch dem Unbekannten und doch so Vertrauten in euch hin.

Wir sind immer an eurer Seite und behüten euch auf diesem mutigen, befreienden Weg. Ihr seid nicht alleine. So viele Menschen sind derzeit genau in dem gleichen Prozess, jeder auf seine Art, jede in ihrem Licht. Diese tiefe Reinigung ist ein Segen und sie befreit euch global von der tiefen Wunde, die die Menschheit sich selbst zugefügt hat. Es waren dunkle Zeiten, durch die ihr gegangen seid, mutig habt ihr euer Licht hindurch getragen.

Nun heilt diese große globale Wunde. Sie schließt sich mehr und mehr, indem ihr erwacht. Indem ihr euch erinnert, so viel mehr zu sein als nur dieser eine Körper und dieses eine Leben.

Ihr seid Wunder, geöffnet, bereit, ihr Licht über diese Erde zu ergießen. Bereit, eurer eigenen Wahrheit zu folgen.

Diese Reinigung beschenkt euch mit euch selbst. Euer immer wacher werdendes Bewusstsein reinigt diese Erde, entfacht ein Feuer des Erwachens, durch das ihr alle derzeit geht. Jede auf ihre Art, jeder auf seine Weise.

Entlasst eure Widerstände und Zweifel, gebt euch selbst hin. Ihr kennt den Weg. Ihr seid das Leuchtfeuer, das andere erinnert. Gemeinsam betretet ihr ein neues Leben. Helft euch gegenseitig über die Brücke des Neubeginns. Wir sind an eurer Seite - immer.

Neubeginn

Der Neubeginn auf dieser Erde findet zurzeit in jeder noch so kleinen Zelle statt. Alles darf sich wandeln. Alles verändert sich bis in seine tiefsten Zellstrukturen.

Der Neubeginn ist viel tiefgreifender, als ihr es euch momentan vorstellen könnt. Es ist ein Wandel hinein in eine komplett neue Ebene.

Ihr verlasst die Alte Welt und die Neue Welt formt sich aus neuen Sternenfunken, tief aus dem Erinnern an einen Zauber, der aus der Liebe und Einheit aller Universen entsteht.

Dieser Wandel und Neubeginn ist göttlich, majestätisch und bereitet die Erde auf ihren kompletten Aufstieg vor. Schon jetzt hat sich die Energie der Erde um ein Vielfaches erhöht. Doch dies ist erst der Anfang.

Öffnet eure Körper, öffnet alle eure Zellen für das Licht der Transformation. Wir begleiten euch auf diesem heiligen Weg, ehren und schätzen eure Hingabe an diesen Dienst. Ihr inkarniert euch auf einer ganz neuen Ebene. Tiefgreifende Verwandlung durchläuft euer Wesen derzeit. Durch eure Metamorphose erhöht ihr die Energie mehr und mehr.

Nichts kann diese Transformation aufhalten. Nichts kann das Licht stoppen. Aber es ist euer freier Wille, wie weit ihr euch öffnet. Es braucht Mut und Hingabe, ein tiefes Loslassen und Vertrauen. Wir reichen euch die Hände und achten euch sehr für eure Transformationsarbeit. Dafür, dass ihr bereit seid, durch eure Körper das Licht der Neuen Welt hierher einzuladen. Dafür, dass ihr Katalysatoren seid, euch verschenkt an diese Verwandlung, diesen tiefgreifenden Prozess.

Im Licht des Aufstiegs erwacht in euch der Zauber einer Welt voller Liebe, voller hochschwingender Wesen. Der Neubeginn, die Transformation hat längst begonnen. Beleuchtet euer Leben und lockt all eure Größe und Schönheit ans Licht. Seid bereit, das Hellste in euch zum Vorschein zu bringen, seid bereit für diese tiefgreifende Transformation.

Die Liebe des gesamten Universums ist an eurer Seite. Gemeinsam durchleuchten wir jede Zelle dieser Erde und all ihrer Bewohner.

Gemeinsam betreten wir eine neue Ebene des Lichts auf dieser Erde.

Kinder

Die neuen Kinder dieser Erde sind die Friedensboten der Neuen Zeit. Ihre Hingabe an die Liebe, an die Verbundenheit mit allem ist so groß. Ihr Wesen verwandelt die Welt durch ihre pure Anwesenheit. Sie sind Lichtwesen in ihrer reinsten Form. Ihr Leben ist dem Aufbau einer Neuen Welt gewidmet. In jeder Zelle ihres Seins tragen sie Bewusstheit für diese neue Erde.

Glaubt an sie und lasst euch führen von ihnen. Sie sind die Heiler und Boten der Neuen Welt. In ihren Herzen klingt der Gesang einer ganz neuen Welt. Unterstützt sie in ihrer Entfaltung, bereitet ihnen den Weg, wie ihr es für Königinnen und Könige getan habt. Ehrt sie in der Weisheit, die sie in sich tragen. Ihre Lieder, Worte, Gedanken schenken euch einen Blick auf das, was kommen wird.

Entlasst sie aus einem Schulsystem, das nicht das Ziel hat, Menschen in ihrer Entfaltung zu unterstützen. Und entlasst sie aus allen alten Systemen. Verwandelt jetzt gemeinsam mit ihnen das, was nicht mehr stimmt. Seid bereit loszulassen, freizulassen und vertraut auf die Entfaltung des Menschen aus sich selbst heraus.

Diese Kinder und Jugendlichen sind die Boten, die Lehrer der Neuen Zeit. Vertraut euch ihnen an. Lasst euch beschenken von ihrem Licht, von ihrer Schönheit und Einheit.

Unterstützt sie, indem ihr sie befreit. Jetzt ist die Zeit, in der Alt und Jung sich die Hände reichen, um gemeinsam diese Erde aus ihrem Schlaf zu befreien. Gib dich der Jugend hin, schenke ihr deine ganze Liebe, dein ganzes Vertrauen und Staunen.

So viel Schönheit entfaltet sich direkt vor euch, berührt eure Herzen mit einer neuen Kraft, erweckt euch aus dem Schlaf und befreit das Licht in jedem einzelnen Menschen.

Entzünde dein inneres Licht
an den Kindern der Neuen Zeit.

Wurzeln

Ihr lieben Menschen, ehrt eure Wurzeln. Befreit sie von Unachtsamkeit und Vergessen. Ihr seid die Kinder dieser Erde. Sie nährt euch, gibt euch Schutz und eine Heimat voller Schönheit. Berührt Mutter Erde liebevoll mit euren nackten Füßen. Legt euch auf sie und lauscht wieder ihren Worten und Geschichten. Lasst euch einbetten in ein liebevolles Wurzelgeflecht, in Achtsamkeit und Würde. Mutter Erde ist euer Zuhause, ist euer Wurzelgeflecht, ist tief verbunden mit eurem Körper. Würdigt eure Verbindung, eure uralte Verbindung.

Öffnet euch wieder für die Einfachheit, Liebe und Wahrhaftigkeit dieser uralten Liebe. Sie ist eure Mutter – Mutter Gaia –, der blaue Planet, das Juwel des Universums. Indem ihr euch heilt, heilt ihr auch sie. Seid wieder bereit für die uralte Liebesbeziehung zwischen euch.

Streckt eure Wurzeln tief in Mutter Erde. Verbindet euch mit ihrem Kern der Liebe. So viel Kraft und Weisheit ruht in dieser Verbindung für euch. Uraltes Wissen über die Heilung und Reinigung dieses Planeten und aller Lebewesen ist dort gespeichert.

Streckt eure Wurzeln der Liebe tief in Mutter Erde und heilt. Öffnet euch für eine neue Energetisierung eures Lebens und des ganzen Planeten. Alle Gewässer sind heilig, sie sind die Blutbahnen von Mutter Erde. Ehrt sie, reinigt sie, haltet sie frei von Müll und Schmutz auf allen Ebenen. Ihre Kraft wird gebraucht zur Reinigung und Heilung dieses Planeten.

Und ehrt auch eure Ahnen auf menschlicher Ebene. Schließt Frieden, vergebt und beendet den Kreislauf von Verletzungen.

Schätzt eure Mütter, denn durch ihren Körper ist euer Körper geboren worden. Durch ihre Schöpferinnenquelle seid ihr entstanden. Ehrt die Frauen. Sie sind die Wurzeln eurer Gesellschaft, tragen das Wissen von Leben und Tod in sich, von Gebären, Nähren und Verbinden. Ehrt ihren Platz in euch, egal welches Geschlecht ihr besitzt. Heißt die weibliche Kraft wieder willkommen in euch. Heißt das Geheimnisvolle, Unaussprechliche, so Irdische in euch willkommen.

Heilt die Wurzeln zu euren Ahnen. Öffnet euch für ihre Geschenke. Sie sind der Boden, auf dem euer Leben aufgebaut ist. Sie sind euer Wurzelgeflecht. Erinnert euch an alte Rituale und Feste, feiert gemeinsam mit Mutter Gaia.

Heilt das Männliche in euch allen. Schließt Frieden damit. Vergebt für all die Gewalt und Unachtsamkeit. Ehrt eure Väter und Ahnen und heißt ihre wahre, heile männliche Kraft willkommen. Diese Kraft vermag das Schwert der Liebe zu führen und damit in Achtsamkeit Wahres von Unwahrem zu trennen.

Es ist eine neue Zeit angebrochen, in der das Männliche einen neuen Platz einnehmen, in der es loslassen und die Liebe annehmen darf – und aus Freude und Neugierde seine so herrliche Kraft für den Wandel und Neubeginn verwenden wird.

Vereint das Männliche und Weibliche in euch zu einem Liebestanz. Gebärt daraus neues Leben, ein Leben des Friedens, tief verbunden mit der Erde und den Sternen. Begegnet euch in euren Herzen und das Leben auf der Erde wird ein neues, friedliches und ein Leben im Hier und Jetzt sein. In tiefer Verbundenheit mit allen Lebewesen dieser Erde, mit aller Schönheit und aller Heilkraft des Blauen Planeten.

Wenn sich alles verändert, transformiert, achte auf deine Wurzeln. Was gibt dir Halt, was erdet dich? Verbinde dich mit der Erde, mit ihren Jahreszeiten. Strecke deine Wurzeln tief hinein in sie wie ein Baum, der im Sturm Halt und Sicherheit findet in der Tiefe seiner Wurzeln.

Ehrt eure Familien und Freunde, in deren Gemeinschaft ihr geborgen seid und euch gegenseitig tragt durch Zeiten der Veränderung.

Die Menschheit darf und wird sich daran erinnern, eine große Gemeinschaft zu sein, die Halt findet in der Verbundenheit - inmitten der Stürme der Transformation.

Erinnert euch an eure Wurzeln.

Tiere

Die Tiere, geliebte Seelen, sind eure Seelenpartner in einer anderen Form. Die Tierwelt auf dieser Erde ist Ausdruck der göttlichen Vielfalt, der Verspieltheit der Schöpferquelle.

Achtet die Tiere, achtet sie als eure Seelenpartner, als einen anderen Ausdruck der gleichen Schöpferquelle. Die Seelen der Tiere schwingen im Gleichklang mit der Liebe, im Gleichklang mit dem Leben und Vergehen. Sie sind ein Geschenk und ein Spiegel für euch. Werdet wieder wie die Kinder, werdet wieder wie die Tiere und schwingt in der Hingabe an euren schöpferischen Ausdruck.

Beendet den Kampf mit euch selbst und beendet den Kampf gegen das Tierreich. Eure Körper schwingen immer höher und vegetarische Ernährung ist alles, was sie derzeit brauchen. Sogar vegane Ernährung ist für sehr viele von euch sehr wohl ausreichend.

Indem ihr das Töten und Unterdrücken eurer Seelenfamilie der Tiere beendet, kehrt tiefer Frieden auf dieser Erde ein und ein neues Miteinander kann beginnen. Die Tiere können sich wieder öffnen für ihr Leben im Vertrauen und in Liebe mit euch.

Eine uralte Liebe schwingt zwischen euch. Öffnet eure Herzen wieder dafür. Lasst euch tief berühren von eurer Verbindung. Dann werdet ihr auch die Sprache der Tiere wieder verstehen. Einige von euch können es heute schon.

Alles, was ihr dafür braucht, ist ein reines Herz, eure Intuition und wahrhaftige Liebe zur Tierwelt. Entlasst die Vorstellung, wie die Kommunikation zwischen euch stattfindet. Öffnet euch für neue Kanäle. Ihr hört die Sprache der Tiere nicht mit euren Ohren, sondern mit eurem Herzen.

Hand in Hand, Pfote in Pfote verändert ihr die Welt in eine neue friedliche. Entlasst all den Stress, all die Missachtung und Vorherrschaft von euch Menschen den Tieren gegenüber. Reinigt eure Verbindung, bittet um Vergebung, und Wunder werden möglich.

Ihr seid ein wundervolles Seelenreich auf dieser Erde – Menschen und Tiere. Die Trennung zwischen euch wird in dieser Zeit weichen. Öffnet eure Herzen und befreit eure tiefe Liebe füreinander und entlasst die alte Geschichte. Eine neue Zeit hat begonnen.

Einfachheit

Ihr habt nun viel gehört und verstanden über den Weg in die Neue Zeit. Eines möchten wir euch noch wahrlich ans Herz legen: geht eure Schritte in Einfachheit.

Nichts muss und darf wirklich kompliziert sein. Komplizierte Wege entstehen in eurem Verstand, wenn ihr krampfhaft nach einer Lösung sucht. Wenn ihr verzweifelt sofort eine Veränderung wollt.

Die Neue Zeit öffnet sich in Einfachheit. Lasst eure Herzen berühren. Lasst euch wachträumen von der neuen Frequenz auf der Erde. Alles, was es braucht, ist eure Ehrlichkeit euch selbst gegenüber. Entlasst die alten komplizierten Gedanken und wendet euch eurem Herzen zu. Es kennt die Lösung, es versteht, was derzeit geschieht. Entlasst das Drama der Gedanken und seid bereit für einen Neubeginn. Lasst einfach los. Gebt euer altes Leben frei und heißt die Einfachheit willkommen.

Dies mag auch bedeuten, dass Dinge sterben werden, die für euer Ego wichtig schienen. Und euer Ego liebt das Drama, wenn es darum geht, alte, ihm vertraute Wege loszulassen. Habt Humor mit euch selbst.

Entlasst den Stress und die Anspannung. Ihr braucht sie nicht. Auch hier hat euer Ego einen wundervollen Kanal gehabt für Drama, für Kompliziertheit, für Opfertum. „Oh, ich bin so gestresst, das ist so anstrengend!“, immer wenn diese Sätze in euch auftauchen, setzt euch hin und atmet. Spürt euren Körper. Er ist euer Hafen. Atmet und bittet um Unterstützung. Wir sind sofort an eurer Seite und fluten euch mit Licht und Liebe. Entspannt euch darin, berührt die Einfachheit in eurem Herzen wieder und dann geht weiter.

Die Neue Welt entsteht aus einem einfachen leichten Gefühl von Stimmigkeit und Schlichtheit. Es mögen große Schritte sein, die du gehst, aber gehe sie mit Leichtigkeit. Denn es findet ein großes Aufatmen und Loslassen, ein tiefes Erinnern in dir statt. Du weißt um all das, was nun kommt und schon da ist, tief in deinem Herzen. Vielleicht hast du noch keine Worte dafür, das ist in Ordnung. Wachse hinein und der Weg wird sich in Einfachheit vor dir entfalten.

Es findet ein großes Aufatmen und Loslassen auf der Erde statt, eine große Erleichterung, der Kampf ist vorbei. Das Licht der Neuen Zeit leuchtet euch den Weg nach Hause. Alle Seelen, die derzeit auf der Erde sind, wissen tief in ihrem Herzen von dem Aufstieg, welcher derzeit stattfindet.

Manche sind hellwach, gehen voran, andere schlafen noch. Reicht euch die Hände, habt Geduld miteinander. Und helft euch gegenseitig über die Brücke der Liebe in eine Neue Zeit.

Wir danken euch für eure Offenheit und den Weg der Wandlung, den ihr allein durch das Lesen unserer Worte geht. Wir sind an eurer Seite, wir sind unter euch. Die Liebe und eine uralte Vereinbarung haben uns zusammengeführt.

Wir stehen an der Brücke der Liebe und begleiten euch in eine Neue Zeit.

Wir ehren euren Mut und eure Liebe für diesen Planeten, dass ihr hier seid und durch eure Hingabe an eure eigene Heilung den Wandel hier auf Erden durch euch entfalten lasst.

Wir verneigen uns vor euch und ehren euch als die liebevollen Botschafter des Lichts der Neuen Zeit, die ihr seid. Danke für euer Sein hier auf Erden.

Wir, die geistige Welt, Mutter Maria und noch viele andere bekannte und unbekannte Lichtwesen und aufgestiegene Meister lieben euch. Unser Weg führt Hand in Hand, Herz an Herz auf unendlichen Lichtbahnen weiter.

Wir sind verbunden für immer.

Q & A
Fragen an die geistige Welt
und ihre Antworten

Was bedeutet der Aufstieg für uns Menschen, für jeden einzeln, für unsere Körper und für uns als Menschheit?

Ihr befindet euch alle mitten im Aufstieg. Der Aufstieg findet statt. Und er ist etwas, was es so noch nie auf dieser Erde gegeben hat. Er ist ein Wunder. Ihr alle inkarniert derzeit neu, jeder in seiner Zeit. Die Einladung hierfür ist ausgesprochen. Ihr inkarniert neu und behaltet euren Körper. Früher seid ihr gestorben, um eure Energie so anzuheben, wie ihr es zurzeit tut. Jetzt nehmt ihr euren Körper mit und steigt in eine höhere Ebene auf. Euer Körper transformiert sich vollständig. Jede einzelne Zelle eures Körpers wird durchlichtet, neu aktiviert und verwandelt.

Es ist wichtig, dass ihr viel trinkt, geliebte Seelen, um diesen Prozess zu unterstützen. Wundert euch nicht, wenn ihr euch manchmal wie eine Baustelle fühlt, denn das seid ihr derzeit. Ihr werdet umgebaut. Ihr baut euch selber um. So viel Licht strömt ein und alles in euch schwingt neu.

Altes, das euch nicht mehr dient, das euch nur beschwert, euch dichter macht, darf euren Körper verlassen. Und hierbei, ihr Lieben, unterstützen wir euch mit all unserer Liebe, sind an eurer Seite und helfen euch zu transformieren. Sanvja hat in einem ihrer Herzensworte so schön geschrieben, euer Körper bekommt Flügel:

*„Zu Hause in mir,
in meiner ganzen Lebendigkeit.
Mein Körper zaubert mich wach,
berührt meine Seele und bekommt Flügel,
hinein in ein neues Leben."*

Genau das ist es. Es ist, als ob ihr leichter werdet. Ihr werdet leichter und durchlässiger. Ihr empfindet mehr. Ihr öffnet euch mehr und mehr für nicht materielle Ebenen, die ihr nur innerlich wahrnehmen könnt.

So kehrt viel Wissen und viel Neues zu euch zurück und manchmal glaubt ihr, euch vielleicht selbst gar nicht mehr wiederzuerkennen. Gebt euch diesem Prozess hin, lasst los. Weitet euch und vertraut euch selbst.

Wir wollen es noch einmal sagen, ihr seid solche Wunder und wir danken euch aus ganzem Herzen für diese so große Transformation. Denn indem ihr euren Körper transformiert, auf eine neue Ebene hebt, transformiert ihr die ganze Erde. Gemeinsam geht ihr über die Regenbogenbrücke in eine Neue Zeit, die jetzt schon da ist. Alles wird neu, nichts bleibt, wie es war.

Wenn euch derzeit Stellen im Körper schmerzen, dann legt eure Hände darauf, sendet Licht hinein, Bewusstsein und Liebe. Und entlasst auf diese

Weise alte Themen, alte Schmerzen, die dort gespeichert waren. Auf körperlicher Ebene leistet ihr derzeit Unvorstellbares. So seid achtsam und liebevoll mit euch. Ihr macht eine Reise, eine große Reise. Und wir danken euch dafür.

Ihr habt euch alle hier inkarniert, um genau diesen Wandel, diesen Aufstieg, mitzuerleben. Ihr seid Schlange gestanden, um hier dabei sein zu dürfen. Denn es ist etwas Einmaliges und Großartiges, was derzeit geschieht, auch wenn es sich an manchen Ecken vielleicht auch unbequem anfühlt. Deshalb empfinden wir immer wieder große Hochachtung angesichts der Entwicklungsstufe, auf der ihr gerade steht. Ihr erwacht und durchleuchtet euer Leben. Dieser Planet erwacht und steigt auf, befreit sich von allen alten Schlacken – und wird Licht. Ein neues Licht leuchtet im Wir. Die Erinnerung steigt empor aus jeder eurer Zellen und bereitet das neue Leben.

Habt Vertrauen und durchschreitet diesen wichtigen Durchgang mit Licht in eurem Herzen. Haltet den Blick gerichtet auf ein Leben in Gemeinschaft, in Verbundenheit, in Liebe mit allen Lebewesen, allen Tieren und allen Pflanzen der Erde. Und in Verbundenheit mit dem Kosmos, mit uns. Die Trennung wird mehr und mehr aufgehoben. Und ihr spürt es in euch.

Welche innere Haltung ist für unsere Transformation als Menschheit besonders wichtig?

Hingabe ist das, was ihr Menschen gerade sehr braucht auf dieser Welt. Euch hinzugeben an euer Erwachen, das doch oft so anders aussieht, als ihr es vielleicht erwartet habt.

Öffnet euch und dehnt euch immer weiter hinein in euer Loslassen, in euer Einfach-da-Sein. Das ist die Hingabe, die ihr alle lernen dürft: einfach da zu sein, ohne etwas Besonderes darzustellen, ohne jemand Besonderes zu sein und oft sogar ohne etwas zu tun.

Die Hingabe ist gerade das große Lernfeld der Menschheit, die Hingabe an den Wandel, an die Veränderung und an den Aufstieg. Ihr seid alle bereit dafür. Ihr dürft euch diesem Prozess hingeben – mit all eurer Liebe, eurem Vertrauen und eurem Licht.

Die Hingabe öffnet euch für neue Welten, entlässt Altes aus euch und befreit euer Licht. Die Hingabe lässt euch schmelzen und zu dem wahren Juwel werden, das ihr seid. Denn derzeit darf alles, was nicht wirklich zu euch gehört, alles, was Schale ist, alles, was ihr nicht wirklich in eurer ganzen Wahrhaftigkeit seid, schmelzen. Ihr geht durch ein Transformationsfeuer und es lässt euch nackt und leuchtend bei euch ankommen, in einem noch viel schöneren Licht, als ihr es euch jemals hättet vorstellen können. So lasst los und seid gleichzeitig vollkommen präsent. Seid bereit für die Hingabe an euer Leben und an den Aufstieg.

Könnt ihr noch genauer erläutern, welche Rolle unsere Kreativität beim Übergang in die Neue Zeit spielt?

Die Kreativität, ihr Lieben, ist so wichtig in dieser Zeit. Und jeder Mensch auf dieser Erde darf sie entfalten, darf sie wieder ganz in sich einladen. Denn das ist es, was euer wahres Wesen ausmacht: Ihr seid Schöpferinnen und Schöpfer. Erinnert euch wieder an diesen Teil von euch, erkennt ihn wieder und nehmt diese Kraft, wir wollen auch sagen diese Macht, die ihr besitzt, wieder ganz zu euch.

Dies ist einer der großen und fast einer der wichtigsten Schritte in dieser Zeit. Erkennt, dass ihr kreative Schöpferwesen seid und dass ihr die Wahl habt, wie sich euer Leben gestalten möchte und wie sich die Erde weiterentwickelt. Erinnert euch und geht aus diesem Erinnern heraus in die Tat, öffnet eure Kreativität wie ein Füllhorn und gestaltet begeistert neue Strukturen, neue Lebensformen und ein neues Beisammensein.

Dies tut ihr gemeinsam, nicht alleine. Dies tut ihr in Gemeinschaft, ihr inspiriert euch gegenseitig, das ist wichtig. So trefft euch, tauscht euch aus und inspiriert euch in eurer Begeisterung, in eurer Sehnsucht. Tauscht euch darüber aus, wie ihr euch ein Leben auf dieser Erde wünscht.

Es ist alles schon da. Alles, was es braucht, ist der Mut, neue Schritte zu gehen und an das Neue wahrhaft zu glauben. Denkt euch nicht kleiner, als ihr seid, sondern öffnet euch ganz für eure Größe und für die Macht eures wahren Schöpferwesens. Öffnet euch für die Kreativität, die in euch wohnt.

Dann ist alles möglich, dann zaubert ihr ein neues Leben auf dieser Erde – mit einem Zauberstab voller bunter Gedanken, kreativer Impulse und unterstützender Gemeinschaft. Es wird so viel Freude machen, es macht schon jetzt so viel Freude.

Die Verbindung zwischen euch und zu eurem Herzen ist der Schlüssel, das Erinnern an das tiefe innere Wissen, die tiefe innere Sehnsucht, die euch in diese Neue Zeit trägt.

Bringt all das zusammen und ihr werdet staunen über die Geschwindigkeit, in der sich die Erde verwandelt und in der aus neuen Ideen und neuen Impulsen neue Strukturen, neue Technologien und noch viel mehr entstehen.

Wie können wir unseren Seelenruf spüren und ihm mutig folgen?

Geliebte Seelen, ihr alle - und wir meinen wirklich alle - habt einen Seelenruf. Und oft lebt ihr ihn auch schon. Es ist nicht so, dass ihr euch immer umschauen und denken müsst, etwas ganz Neues leben zu müssen.

Wenn ihr in eurem Leben wahrhaft zufrieden, glücklich und erfüllt seid und das, was ihr tut, voller Freude tut, dann folgt ihr eurem Seelenruf.

Über den Seelenruf wird derzeit sehr viel gesprochen und das ist gut so. Aber es verwirrt auch viele Menschen, die sich fragen: „Ist das, was ich tue, richtig oder müsste ich etwas anderes tun?" So sagen wir noch einmal, spürt in euch hinein: Ist das, was ihr tut, mit Freude erfüllt, mit tiefem inneren Glück und Leuchten? Kommt es sogar aus einem tiefen inneren Ort der Stille? Dann folgt ihr eurem Seelenruf.

Aber es gibt auch sehr viele Menschen, die derzeit unruhig werden und eine Sehnsucht in sich spüren, die sie nicht beschreiben können, oft verbunden mit einem tiefen inneren Schmerz. Sie haben das Gefühl, dass ihr altes Leben nicht mehr passt und sie wissen vielleicht nicht, wie ihr neues Leben aussehen soll. Dann klopft der Seelenruf an. Und je länger er schon anklopft und je mehr ihr ihn anzweifelt, desto größer wird der Schmerz. Doch er wird euch nicht in Ruhe lassen. Denn es ist eine tiefe innere Vereinbarung, die ihr

- und wir meinen wirklich ihr selbst - mit eurer Seele getroffen habt - vor diesem Leben oder sogar schon vor vielen Leben.

Euer aller Seelenruf ist es, zu erwachen. Das ist der große kollektive Seelenruf und doch folgt ihm jeder von euch auf seine ganz eigene Art. Euer Seelenruf ist euch vertraut. Ihr habt ihn nur zur Seite gedrängt, verschüttet, nicht an ihn geglaubt. Und nun pocht er in eurem Herzen an mit all seiner Liebe. Denn ihr habt in dieser Zeit die Vereinbarung mit ihm, dass er euch weckt. Ihr habt euch sozusagen einen Wecker gestellt, denn ihr werdet gebraucht, euer Seelenruf wird gebraucht in dieser Zeit. Jeder und jede hat in dieser Zeit eine besondere Aufgabe.

Wie findet ihr euren Seelenruf?

Es ist nicht schwer, denn er ist nicht außerhalb von euch, er ist in euch. Lernt euch wieder zu spüren und euch zu vertrauen. Unterscheidet die Stimmen des Zweifels von der Stimme des Herzens – und folgt dieser Stimme dann. Euer Seelenweg, ihr Lieben, ist kein Weg, der jetzt schon in Stein gemeißelt ist. Er ist lebendig und entfaltet sich vor euch – Schritt für Schrit.

Und ihr werdet staunen, denn wenn ihr beginnt, euren Weg zu gehen, wenn ihr beginnt, eurem Seelenruf zu folgen, wird das Wunder, das sich vor euch entfaltet, so groß, so bunt, so wundervoll werden, wie ihr es euch in euren kühnsten Träumen nicht hättet vorstellen können. Im Kopf könnt ihr euch immer nur das vorstellen, was ihr schon erlebt habt. Aber euer Seelenruf ist so viel größer als das bereits Erlebte. Deshalb kann ihn sich euer Verstand nur bedingt vorstellen. Lebt ihn – Schritt für Schritt – und entfaltet eure Flügel immer weiter wie ein bunter Schmetterling.

Vertraut euch! Ihr seid nicht allein, ihr seid verbunden mit so vielen Seelen. Eure Seelenwege sind miteinander verwoben und ihr unterstützt euch alle gegenseitig, diese zu gehen und ihnen zu folgen. So breitet eure Flügel aus, geliebte Seelen und seht, wie groß die Schwingen sind, wie bunt und

wundervoll. Und dann fliegt! Ihr seid so schön und ihr seid gehalten, geborgen und verbunden.

Vertraut. Alles ist gut.

Wie können wir mehr in Kontakt kommen mit unserer Intuition und sie unterscheiden von den Stimmen, die aus dem Verstand kommen?

Intuition, geliebte Seelen, ist das Geschenk, das in eurem Herzen ruht. Ihr alle seid verbunden mit eurer Intuition. Sie ist kein Fremdkörper, den ihr erlernen müsst. Es ist etwas tief in euch, dem ihr einfach zuhören dürft, dem ihr einfach lauschen und vertrauen dürft. Lernt eurer eigenen Intuition wieder zu vertrauen.

Und wenn wir von Intuition sprechen, dann meinen wir die weise innere Lehrerin in euch, die verbunden ist mit eurer Seelenheimat, verbunden mit dem Ganzen, mit eurem Lebensweg und dem so vieler anderer Menschen. Eure Intuition ist nie getrennt von der Einheit.

Habt ihr schon einmal erlebt, dass ihr eurer Intuition gefolgt seid – beispielsweise einen Weg entlang gegangen seid, ohne zu wissen, warum – und dann plötzlich überraschend eine alte Freundin, einen alten Freund getroffen habt? Daran könnt ihr erkennen, dass eure Intuition verbunden ist mit allem. Über eure Intuition wart ihr mit dem anderen vorher schon verbunden und wart bereit, ihn gleich zu treffen.

Eure Intuition ist der Schatz in euch, der euch führt. Gebt euch hin an eure Intuition und euer Weg entfaltet sich vor euch. Ein Weg, der nicht auf dem

Verstand alleine basiert, sondern ein Weg, der verbunden ist mit der Einheit.

Und diese Wege, auf denen ihr in all euren Schritten miteinander verbunden seid, verbunden mit der Erde und allen Lebewesen, auf denen es ein Füreinander und Miteinander gibt, diese stammen aus eurer Intuition.

Eure Intuition schwingt in eurem ganzen Körper. Ihr könnt euren Körper mitnehmen als euer „Navi". Eure Intuition schwingt in jeder eurer Zellen. Und das unterscheidet sie von Gedanken, die, wenn ihr sie in eurem Körper lokalisieren wollt, eher in eurem Kopf stattfinden.

Wenn ihr eure Intuition immer wieder anzweifelt, dann wird sie immer leiser, weil ihr eure Ohren, eure inneren Herzens-Ohren verschließt – aus Angst, den Weg der Hingabe zu gehen. Manche Dinge, die aus eurem Herzen kommen, können einfach nicht mit dem Verstand erfasst werden.

Eure Intuition ist eng verwoben mit euren Gefühlen. Lernt eure Gefühle wieder wahrzunehmen, lernt wieder auf euer Herz zu lauschen und vertraut eurem Körper. Denn eure Intuition ist zu Hause in all euren Zellen und in eurem ganzen so lichtvollen Wesen.

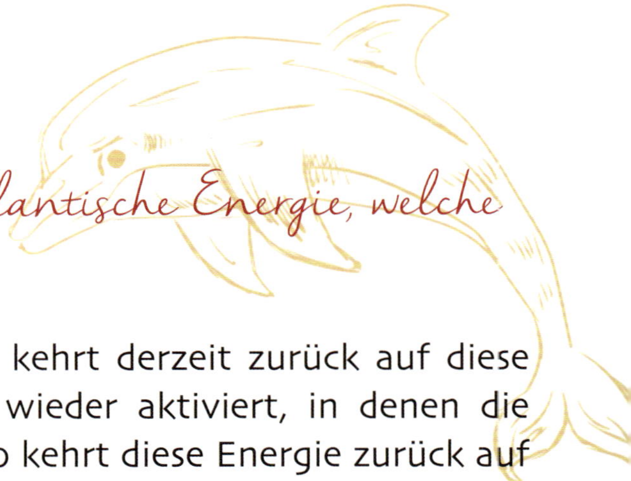

Welche Bedeutung hat die atlantische Energie, welche ja so alt ist, für die heutige Zeit?

Die atlantische Energie, ihr lieben Seelen, kehrt derzeit zurück auf diese Erde. Viele Kristalle in der Erde werden wieder aktiviert, in denen die atlantische Energie gespeichert war. Und so kehrt diese Energie zurück auf die Erde und berührt euch Menschen alle tief in eurer Seele. Der Ruf nach Gemeinschaft, nach Verbindung ist deshalb unter anderem so stark. Atlantis ist untergegangen und darüber ist viel erzählt worden in anderen Büchern.

Hier wollen wir uns darauf beschränken, dass die atlantische Energie zurückkehrt und dass ihr Menschen nun bereit seid, sie zu empfangen und zu halten. Ihr wachst gerade in sie hinein. Eure neue Aufgabe auf der Erde ist das Wir, die Gemeinschaft und das Leuchten – gemeinsam im Licht. So viele von euch, ihr Lieben, haben in Atlantis gelebt in jener Zeit. Und nun seid ihr hier und erinnert euch. Ihr erinnert euch an diese Zeit und tragt so viel Wissen in euch, das jetzt wieder aktiviert wird. Ein Wissen für den Wandel auf der Erde, für ein Leben in wahrhaftiger Gemeinschaft, für neue Technologien, neue Lebens- und Gesellschaftsstrukturen. Ihr alle tragt dieses Wissen in euch. Alles, was ihr tun dürft, ist euch daran zu erinnern. Erinnert euch an eure schönste Zukunft und vertraut euch.

Ihr habt den Untergang von Atlantis miterlebt und es war schmerzvoll. Aber jetzt ist eine andere Zeit. Ihr seid alle gewachsen, ihr seid alle durch die

Dunkelheit gegangen und habt erfahren, was nicht funktioniert und gleichzeitig habt ihr das Wissen aus Atlantis in euch. Und so steht es diesmal auf einem viel stabileren Boden. Erweckt dieses Wissen wieder in euch. Spürt, wie Kristallstrukturen sich in all euren Zellen öffnen.

Und wenn der eine oder die andere das Bedürfnis hat zu schreiben, dann lasst Worte aus euch fließen und staunt über das Wissen, das in euch wohnt. Es ist gespeichert, es ist da. Es braucht nur euer Vertrauen, eure Öffnung und eure Bereitschaft, das Wunder, das ihr seid, anzunehmen. Erkennt, dass ihr noch viel mehr seid als das, was ihr bis jetzt in diesem Leben gelebt habt.

Öffnet euch, erinnert euch und teilt es mit anderen. Es wird gebraucht, ihr Lieben. Wir sind an eurer Seite und unterstützen euch mit all unserer Liebe bei diesem Prozess. Erinnert euch an eure Aufgabe, erinnert euch an euer Licht. Das ist es, was die Welt derzeit braucht.

Wie können wir Menschen mehr Wahrhaftigkeit in unseren Beziehungen und unserer Kommunikation leben?

Geliebte Seelen, Wahrhaftigkeit ist der wahre Schatz in dieser Zeit. Indem ihr immer wahrhaftiger werdet mit euch selbst, eure Gefühle nicht in gut und falsch einsortiert, sondern sie spürt, sie ganz annehmt mit allem, was in ihnen schwingt, folgt ihr eurem Weg der Wahrhaftigkeit nach Hause zu euch selbst.

Mit der Wahrhaftigkeit zu euch selbst, mit dem ehrlichen Anbinden an euer Licht und an alles, was in euch lebt, entdeckt ihr das Wunder in euch und könnt jeden Tag eure Flügel noch weiter ausbreiten.

Schenkt euch einen stillen Raum in euch selbst, in dem ihr euch erlaubt, alles da sein zu lassen und in dem ihr euch ganz wahrhaftig annehmt. Und in dem ihr euch zuhört, euch mit liebevollen Ohren des Herzens lauscht, ohne etwas damit tun zu müssen, ohne gleich die nächsten Schritte daraus folgen zu lassen. Nehmt einfach nur wahr, was da ist.

Das ist so wichtig in dieser Zeit und das ist auch das, was ihr braucht, um in wahrhaftigen Beziehungen zu leben, in wahrhaftiger Kommunikation mit anderen Menschen zu sein. Hört euch wahrhaft zu, hört dem Anderen mit dem Herzen zu und hört euch selbst mit dem Herzen zu.

Wenn ihr etwas nicht versteht, wenn euch etwas irritiert, dann geht nicht in den Widerstand, sondern öffnet euch für das Verstehen – das Verstehen dessen, was wahrhaft gesprochen wird. Oft steckt eine andere, nicht bewusste Bedeutung hinter den Worten. Wenn die gesprochenen Worte und euer Gefühl für euch nicht zusammenpassen, dann vertraut dem.

Gebt euch auch hier Raum mit euren Mitmenschen, mit euren Lieben, indem ihr sprecht und euch wahrhaft zuhört, ohne gleich eine Antwort wissen zu müssen. Gebt euch Raum, um wahrhaft spüren zu können, was gerade schwingt.

So vieles in dieser Zeit ist neu für euch, geliebte Seelen. Ihr geht durch einen großen Prozess der Schwingungserhöhung und so vieles verändert sich in eurem Körper und auch in eurem Leben. Und ihr könnt nicht alles mit eurem Kopf verstehen. Das übersteigt diesen Prozess und unterstützt ihn auch nicht. Es ist ein Weg, den ihr mit eurem Herzen gehen dürft – in Verbindung mit eurer Wahrhaftigkeit, in Verbindung mit dem, was in euch leuchtet.

Wie können wir in diesen turbulenten Zeiten unser Licht halten und in die Welt scheinen lassen?

Euer Licht zu halten ist die große, wundervolle Aufgabe, die ihr Seelen in dieser Zeit habt. Erinnert euch, dass ihr pures Licht seid und verbindet euch immer mehr damit. Doch es geht nicht ums Halten, es geht ums Sein. Ihr seid Licht und wenn ihr euch daran erinnert, was ihr in Wahrheit seid, braucht ihr nichts zu halten, sondern ihr seid einfach.

Die größere Herausforderung in diesen Zeiten ist es, sich nicht ablenken zu lassen. Es schwirren so viele Gefühle von so vielen Menschen durch die Luft. Denn die Herausforderung dieses Wandels, der derzeit auf der Erde geschieht, löst viele Gefühle in vielen Menschen aus.

Und ihr seid alle verbunden über euer Energiefeld und oft nehmt ihr Gefühle von anderen auf, die gar nicht eure eigenen sind, wenn eure Energiefelder sich berühren und ihr in dem Moment nicht ganz präsent in euch zu Hause seid. Dann habt ihr einen Raum in euch, der leer ist und der einlädt, anderes aufzunehmen, was nicht eures ist.

So geht es wie immer bei dieser Frage um Bewusstsein. Werdet euch immer mehr eurer selbst bewusst, kommt immer mehr in eurem Körper an, verbindet euch jeden Tag bewusst mit ihm, mit jeder Zelle eures Körpers. Verbindet euch jeden Tag bewusst mit eurem Energiefeld und übt, es immer weiter auszudehnen und es voller Licht leuchten zu lassen. So lange habt ihr in bestimmten Situationen euer Energiefeld kleiner gemacht, weil ihr dachtet, es sei gefährlich, ganz mit eurem Strahlen da zu sein.

Ihr meintet angegriffen zu werden, wenn ihr in eurem wahrhaften Licht leuchtet. Diese Erfahrung kommt aus alten Zeiten und sie darf nun gehen. Das, was es derzeit ganz besonders auf der Erde braucht, ist euer Leuchten. Dehnt euch in eurem Energiefeld aus und lasst euer ganzes Licht darin scheinen. Und damit meinen wir nicht an vorderster Stelle, dass ihr wundervolle große Taten in der Welt vollbringen müsst. Es ist euer pures Sein, eure pure Präsenz, eure innere stille Lebendigkeit, die euer Energiefeld leuchten lassen.

Übt es jeden Tag ganz bewusst, euer Energiefeld voller Licht auszudehnen und ganz in ihm zu Hause zu sein. So haltet ihr das Licht und seid Leuchttürme in dieser Zeit des Wandels füreinander.

Schlussworte

Geliebte Seele, du hast dieses Buch nun gelesen, hast es durchgeblättert, hast dich an unseren Worten erfreut, hast dich von Worten und Bildern berühren lassen und dich erinnert an dich selbst, an das Wunder, das du bist. Du bist bereit für dich, da sind wir uns sicher. Denn du bist das Licht für diese neue Zeit, du und so viele andere Lichter.

Du bist die Brücke, über die du gehst, hinein in ein neues Leben, hinein in dein neues Leben, hinein in euer neues Leben als Menschheit auf diesem Planeten. Wir danken dir. Wir danken dir für diesen Mut, dich einzulassen auf diese Worte und dich zu erinnern an dich selbst. An deine Schönheit, an deine Größe, an deine Wahrhaftigkeit, an dein Erwachen. Du bist, was du bist und das ist wundervoll.

Du bist der Schmetterling, der aus seinem Kokon schlüpft und die buntesten und größten Flügel hat, die du dir nur vorstellen kannst. Breite sie aus und fliege. Fliege hinein in dein neues Leben, in die neue Zeit auf diesem Planeten, in die neue Zeit der Menschheit, die jetzt begonnen hat.

Wir, die geistige Welt, Mutter Maria und so viele andere wundervolle Lichtwesen, sind immer an eurer Seite, sind an deiner Seite, sobald du nur an uns denkst und uns um unsere Hilfe bittest. Wir glauben fest an dich. Wir kennen dich. Wir kennen dein Licht. Wir kennen dich in deiner ganzen Schönheit.

Erwache ganz, geliebte Seele, erwache in dich hinein und erinnere dich an dich selbst, an das Wunder, das du bist. Wir sind verbunden mit dir, in Liebe, schon immer, und werden es immer sein.

Die Brücke in dein Leben

Nachwort von Amaresh

Nun würde ich dich wirklich gerne persönlich fragen können, wie es dir beim Lesen dieses Buches ergangen ist und wie es dir jetzt danach geht. Hat dich der Inhalt berührt? Hat dich die Schwingung der Botschaften zwischen den Zeilen berührt? Hat dich die Liebe in deinem Herzen erreicht, mit der dieses Buch aufgeladen ist und die mit ihm übermittelt wird? Wenn ja, dann macht uns das glücklich, denn das ist ein Anliegen dieses Buches.

Doch dieses Buch möchte noch mehr. Spürst du die „Neue Zeit"? Weißt du und spürst du tief in dir, dass es tatsächlich um diese tiefgreifende Transformation geht, die in diesem Buch beschrieben wird? Bist du beim Lesen in Kontakt gekommen mit deiner Sehnsucht, innerlich zu wachsen und dein Leben auch äußerlich zu verändern? Freust du dich auf die „Neue Erde" und hast Lust, heute damit anzufangen, sie mit deiner Kreativität zu gestalten?

Dieses Buch möchte dein Leben und das Leben auf dieser Erde verändern. Es möchte dich von tief innen erstrahlen lassen und dazu beitragen, dass du mit diesem Licht dein Leben von innen nach außen verwandelst. Es möchte dich wertschätzend und liebevoll dazu einladen, deine wahre Größe und Kraft wieder anzunehmen und zu leben. Alles beginnt in dir.

Verbinde dich für einen Moment mit deinem inneren Licht. Stelle dir dann eine Brücke vor, die dein Inneres mit der äußeren Welt verbindet – eine Regenbogenbrücke. Und über diese Brücke lässt du nun dein Licht in die äußere Welt strahlen und dort sanft dein Leben so verändern, dass es mehr und mehr im Einklang mit deiner Sehnsucht ist. Lasse das andere Ende der Regenbogenbrücke bewusst in verschiedene Bereiche deines äußeren Lebens reichen und sieh, wie sie sich dadurch erhellen und anfangen, sich zu verändern.

Mit Hilfe dieses inneren Bildes, das du regelmäßig verwenden kannst, verbindest du dein Inneres mit deinem äußeren Leben nicht nur energetisch, sondern du ziehst auch Situationen, Begegnungen, Menschen, Methoden usw. an, welche dir helfen, dich mit deinem Licht immer mehr in deinem äußeren Leben ankommen zu lassen. Es gibt auf deinem Weg alle Unterstützung, die du brauchst! Du musst diesen Weg nicht alleine gehen.

Wir möchten dich mit diesem Buch einladen, dich auszudehnen. Dehne dein Energiefeld aus, dehne dich mit deinem einzigartigen Strahlen aus. Niemand strahlt genauso wie du. Verschenke dein Strahlen! Schenke es dir selbst und deiner Außenwelt.

Wir möchten dich dazu einladen, deinen Platz wieder einzunehmen. Nimm deinen Platz in dir und in der äußeren Welt wieder ein. Wenn du innerlich UND äußerlich auf deinem Platz bist, dann fließt Kraft, Fülle, Leichtigkeit und Kreativität in dein Leben. Dann kann das alte Kämpfen aufhören, das dich so erschöpft hat. Dann hast du die Energie, voller Liebe, Freude und Begeisterung für dein Leben und für ein neues Leben hier auf der Erde zu gehen.

Stell dir eine Welt vor, in der alle Menschen – und auch alle anderen Lebewesen – wieder an „ihrem" Platz sind. Kannst du erahnen, was das bedeutet? Kannst du das erspüren? Dann wird Unvorstellbares möglich sein! Denn dann werden die kraftvollen Schöpferwesen, die wir sind, nicht nur kooperieren, sondern miteinander co-kreieren können, sodass sich unsere Schöpferkraft noch um ein Vielfaches potenziert. Dann werden wir uns nicht mehr gegenseitig bekämpfen müssen, sondern uns alle miteinander für eine neue Welt einsetzen können.

Auf deinem Weg von innen nach außen darfst du achtsam, ehrlich, geduldig und liebevoll mit dir umgehen. Du bist eingeladen, dich auf dich selbst einzulassen und dich durch das, was auch immer in dir auftaucht, wieder zu finden.

Vertraue, lasse los, nimm dich liebevoll zu dir und gehe geduldig und achtsam Schritt für Schritt in dein neues Leben.

In Liebe, dein Amaresh

Danke

Danke an die geistige Welt für ihre liebevolle und ehrliche Begleitung. Danke für all die Worte, die durch Sanvja geflossen sind und uns so nachhaltig und tief verändert haben.

Danke für all die stillen Nächte, in denen das Buch entstanden ist. Es war einfach magisch und tief berührend, das Buch nach und nach entstehen zu sehen.

Danke an Claudia Shkatov, die ihrer Intuition folgend genau zur rechten Zeit auftauchte, um Sanvja zu unterstützen.

Danke an Katharina Schuhmann für die stimmungsvollen Fotos.
Danke an Claudia Shkatov für die einfühlsame Feinabstimmung der Texte und das schöne Vorwort.
Danke an Esther Norman für das gelungene Lektorat.
Danke an unsere Online-Community, die gemeinsam mit uns durch diese Zeit geht und wie ein lichtvoller Hafen ist.

Danke an Liam, unseren wundervollen Sohn, der so viel Verständnis für seine müde Mama hatte, wenn sie mal wieder mitten in der Nacht mit Stift und Buch dagesessen und lange geschrieben hatte. Danke für den erdigen Humor, mit dem er gefragt hat: „Mama, hast du mal wieder telefoniert mit da oben? Und kannst du nicht einfach auf Flugmodus stellen, damit du schlafen kannst?"

Und Danke an unsere Katzen, die uns durch ihre stille und lebendige Präsenz immer wieder an das wirklich Wichtige im Leben erinnern … an den Moment, der gerade ist.

Wir beide sind so dankbar für diesen Weg voller Wunder, den wir gemeinsam gehen, immer wieder bereit, dem Wahrhaftigen in uns aus vollem Herzen zu folgen.

Über die Autoren

Schon immer begleitet uns beide eine tiefe Ausrichtung auf inneres Wachstum und Heilung im Wirbel unseres Alltagsgeschehens. Wir gehen unseren Weg seit über 20 Jahren zusammen – als Seelenpartner, Liebespaar, Ehepaar, Eltern und Coaches.

Wir lieben es, gemeinsame Visionen zu empfangen und sie dann Wirklichkeit werden zu lassen. Schon zu Beginn unserer Beziehung haben wir gespürt, dass wir eine übereinstimmende Aufgabe haben – unser Licht gemeinsam in die Welt scheinen zu lassen.

Wir sind seit 18 Jahren glücklich verheiratet, haben einen wundervollen Sohn im Teeniealter, drei Katzen und leben in ländlicher Umgebung bei Freiburg im Breisgau.

Wir sind zutiefst dankbar über unser gemeinsames Wirken, in dem wir uns in unserer Individualität perfekt ergänzen. Unsere Partnerschaft ist für uns ein Raum der Wahrhaftigkeit und des inneren Wachstums. Viele Jahre schon begleiten wir uns gegenseitig auf unserem Entfaltungsweg, schenken uns wechselseitig Sessions und üben uns in herzzentrierter achtsamer Kommunikation.

Zu unserer gemeinsamen Vision gehörte auch immer schon gelebte Gemeinschaft. In unserer Zaubere dich wach Online-Community öffnen wir mithilfe der geistigen Welt einen lichtvollen und heilsamen gemeinschaftlichen Raum, in dem Menschen in Wahrhaftigkeit zusammen kommen, sich auf das Licht in sich ausrichten, es stärken und gemeinsam in die Welt strahlen lassen.

Ein besonderes Herzensanliegen ist es uns, auch das äußere Leben der Menschen positiv und nachhaltig zu wandeln – und so voller Freude und Neugierde ein neues Wir in einer neuen Welt zu schaffen.

Sanvja Bühler

Seit vielen Jahren lebe ich als freischaffende Künstlerin.
Ich liebe es, Farbe, Licht und Liebe in die Welt zu bringen, Menschen tief im Herzen zu berühren und sie an ihr inneres Licht zu erinnern. Doch durch mich strömen nicht nur wundervolle Farben in die Welt, vor einigen Jahren begannen auch „Herzensworte" aus mir herauszufließen, die so schön zu meinen Bildern passen. Und daraus entstanden meine heute so beliebten Kalender und die Herzenslicht-Karten – mit meinen farbenfrohen Bildern und berührenden Worten.

Ende 2020 öffnete sich für mich völlig unerwartet ein weiteres Tor: Ich wurde nun auch Kanal für die Worte der geistigen Welt. Daraus ergaben sich seitdem für mich viele neue Wirkungsfelder, und ich staune auch heute noch voller Dankbarkeit, wie viel sich dadurch in meinem Leben verändern durfte.

Mein Atelier befindet sich in Emmendingen bei Freiburg im Hausgrün, einer Handwerks- und Künstlergemeinschaft.

Amaresh Jochen Bühler

Vor einigen Jahren empfing ich eine kraftvolle Vision, in der ich mich in einem völlig neuen Leben spürte – einem Leben voller Freude und Licht, frei von den Begrenzungen und dem Frust meines damaligen Berufsalltags.

Getragen von dieser Vision bin ich seitdem viele kleinere und größere, innere und äußere Schritte gegangen und habe es nur zwei Jahre später tatsächlich gewagt, mein altes Leben als verbeamteter Lehrer hinter mir zu lassen und ein neues zu beginnen – ein Leben im Einklang mit meinem Seelenruf, Menschen achtsam und wertschätzend zu sich selbst zu begleiten.

Ich liebe es einen weiten, einladenden Raum zu öffnen, in dem sich Menschen tief willkommen fühlen, sich für sich selbst zu öffnen.

Die Freude singt in mir.
Sie singt von einem neuen Morgen.
Sie ruft, sie trällert, sie lockt:
„Komm hinaus,
tanze in deinem ganzen Licht,
das leuchtet in allen Regenbogenfarben.“

Wegweiser in die Neue Zeit

Lass dein Leben leuchten

Du suchst neben diesem Buch tägliche, liebevolle Begleiter in deinem Leben, die dich immer wieder an das Wunder erinnern, das du bist? Die dich unterstützen, an dich zu glauben und deinen Fokus auf das Lichtvolle und Bunte auszurichten?

Zaubere dich wach Online Community

In unserer „Zaubere dich wach" Online-Community kannst du deiner Sehnsucht folgen, dich mit Gleichgesinnten zu verbinden und wahrhaft gesehen und gehört zu werden – und dich von anderen anregen und berühren lassen. Gemeinsam gehen wir unseren Weg in die Neue Zeit.
Regelmäßige Live Online-Meditationen und Webinare mit Raum für Austausch, Coachings und Fragen an die geistige Welt sowie Audio-Downloads unterstützen dich bei deiner inneren und äußeren Transformation.

Gemalte
Liebe

Sanvjas Acrylbilder und gedruckte Schätze

Sanvjas farbenfrohe Kreationen sind ein lichtvoller Kanal für die Energie der Neuen Zeit.

Sanvjas bunte Acrylbilder, welche die Worte dieses Buches begleiten, gibt es als Originale und als Kunstdrucke. Sie leuchten in allen Regenbogenfarben und bringen das Licht der Neuen Zeit direkt in dein Wohnzimmer.

Die in diesem Buch verwendeten Herzensworte findest du in Sanvjas Herzenslicht-Kartensets und Kalendern. Diese können dir als wichtige tägliche Erinnerung dienen und dir helfen, dich immer wieder mit deinem inneren Licht zu verbinden.

Podcast

In unserem Podcast „Zaubere dich wach" sprechen wir sehr offen über unsere persönlichen Erfahrungen auf der Reise zu uns selbst. Wir freuen uns, dass wir auf diese Weise viele Menschen erreichen, berühren und inspirieren können. Mach es dir gemütlich mit uns und unseren Katzen. Sie schnurren regelmäßig mit ins Mikrofon. Du findest den Podcast auf Plattformen wie Spotify oder iTunes und auf unseren Webseiten. In unserer Folge „Wahrhaftigeit" erzählen wir ausführlich und sehr persönlich von unseren letzten zwei Jahren der Transformation und der Entstehung dieses Buches.

Webseiten

www.zauberedichwach.de
www.galerie-sanvja.de
www.amaresh.de

Zaubere dich wach Life Coaching

In Amareshs Coachings lernst du deine Gefühle als wertvolle Boten schätzen, die dich zu dir selbst, in deine wahre Größe und in dein einzigartiges Strahlen führen. In unseren gemeinsamen medialen Coachings dient dir die geistige Welt noch zusätzlich als liebevoller Vermittler zwischen dir und deinem wahren lichtvollen, einzigartigen Wesen. Und so kannst du dieses Licht, das du bist, wieder empfangen. Dies ist das größte Geschenk, das man sich vorstellen kann.

Impressum

1. Auflage

Text, Design & Satz: Sanvja & Amaresh Bühler
Lektorat: Esther H. Norman, www.esther-norman.de
Feinabstimmung der Texte: Claudia Shkatov, www.claudiashkatov.com
Fotos: Katharina Schuhmann, www.visiblesoul.de

Verlag: Zaubere dich wach, Sanvja Christiane Bühler & Amaresh Jochen Bühler,
Mühlenstr. 30, 79199 Kirchzarten, E-Mail: info@zauberedichwach.de
www.zauberedichwach.de | www.galerie-sanvja.de | www.amaresh.de

Druck: Flyeralarm GmbH, Alfred-Nobel-Str. 18, 97080 Würzburg

ISBN: 978-3-9823855-0-1

Bibliografische Information der Deutschen Nationalbibliothek:
Die Deutsche Nationalbibliothek verzeichnet diese Publikation in der Deutschen
Nationalbibliografie; detaillierte bibliografische Daten sind im Internet über
http://dnb.de abrufbar.

Bildnachweis

Fotos:
Katharina Schuhmann, www.visiblesoul.de:
Seiten 17, 33, 55, 105 ,190,196, 199, 201, 204, 205, 206, 207
Die restlichen Fotos sind aus Adobe Stock, Canva, Pixabay.

Alle Gemälde von Sanvja Bühler. Sie sind Ausschnitte aus ihren großformatigen Leinwandbildern. www.galerie-sanvja.de

Umschlagseite vorne, außen:	„Liebesleuchten“, 60x60 cm
Seite 10,12:	„Liebestanz“, 80x100 cm
Seite 22,24:	„Morgengesang“, 100x120 cm
Seite 26,28:	„Blühender Regenbogen“, 80x100 cm
Seite 30,32:	„In die Liebe erwacht“, 80x80 cm
Seite 36:	„Zauberkraft der Erde“, 135x135 cm
Seite 40,42:	„Frischer Wind“, 80x80 cm
Seite 44,46:	„Neues erwacht“, 2x 40x80 cm (Diptychon)
Seite 48,50:	„Wildes, wunderbares Leben“, 80x100 cm
Seite 52,54:	„Das Lachen des Sommers“, 100x100 cm
Seite 56,59:	„Bunte Wiese“, 100x100 cm
Seite 60,62:	„Erwachen“, 80x100 cm
Seite 64,66:	„Frühling“, 70x70 cm
Seite 68,70:	„Freudenfunken“, 80x100 cm
Seite 72,74:	„Irish Weather“, 70x70 cm
Seite 78,80:	„Venus“, 70x70 cm
Seite 84:	„Neue Zeit“, 50x50 cm
Seite 88:	„Segen“, 80x80 cm